FACULTÉ DE DROIT DE RENNES.

THÈSE POUR LE DOCTORAT.

DU DROIT DE SUITE

EN MATIÈRE DE PRIVILÉGES & HYPOTHÈQUES

PAR

EMMANUEL DANION,

AVOCAT.

RENNES,

CH. OBERTHUR ET FILS, IMPRIMEURS DE L'ACADÉMIE.

1875.

THÈSE POUR LE DOCTORAT.

A LA MÉMOIRE

DE MON PÈRE & DE MA MÈRE!

UNIVERSITÉ DE FRANCE. — ACADÉMIE DE RENNES.

FACULTÉ DE DROIT.

THÈSE POUR LE DOCTORAT.

DU DROIT DE SUITE

EN MATIÈRE DE PRIVILÉGES & HYPOTHÈQUES

EN DROIT ROMAIN & EN DROIT FRANÇAIS

(Art. 2166-2179, C. civ.).

Thèse soutenue le samedi 14 août 1875,

PAR

EMMANUEL DANION,

AVOCAT,

Né à Saint-Étienne de Montluc (Loire-Inférieure), le 4 avril 1852.

EXAMINATEURS :

MM. BODIN, *doyen ;* ÉON, DE CAQUERAY, WORMS, *professeurs ;*
GUÉRARD, *agrégé, chargé de cours.*

RENNES,

CH. OBERTHUR ET FILS, IMPRIMEURS DE L'ACADÉMIE.

1875.

DU DROIT DE SUITE

EN MATIÈRE DE PRIVILÉGES & HYPOTHÈQUES.

INTRODUCTION.

Il est un principe de morale qui dans toutes les législations, même les moins avancées, a été transformé en un principe de droit : c'est que tout homme doit exécuter les engagements qu'il a contractés envers son semblable, alors que ces engagements sont sérieux et licites.

Mais cette règle eût été illusoire, si l'on ne s'était pas occupé des moyens d'en assurer l'exécution. Aussi le Code civil nous dit-il, d'une manière générale, dans son article 2092, que : « quiconque s'est obligé personnellement, est tenu de remplir son engagement *sur tous ses biens mobiliers et immobiliers, présents et à venir.* » C'est ce qu'on appelle, dans la langue juridique, le droit de gage du créancier sur le patrimoine du débiteur.

Mais ce droit de gage établi au profit des créanciers sur le patrimoine du débiteur est-il bien efficace? Évidemment non. D'une part, en effet, le débiteur ne perd pas le droit de contracter de nouvelles dettes, par cela seul que son patrimoine est grevé de dettes antérieures, de sorte que rien ne lui est plus facile que de diminuer les sûretés qu'il présente à ses créanciers, en augmentant leur nombre. D'autre part, il peut au moyen d'aliénations faire sortir de son patrimoine tout ou partie de ses biens, et les soustraire ainsi à l'action de ses créanciers, sauf le droit souvent stérile qui leur est réservé par l'art. 1167. Ces deux inconvénients sont extrêmement graves, aussi a-t-on cherché de bonne heure à y remédier.

On y est parvenu en accordant aux créanciers dans certains cas des garanties particulières, ou en leur permettant de les stipuler expressément : nous voulons parler des priviléges et hypothèques.

Sans entrer dans l'examen approfondi des caractères qui leur sont propres, indiquons rapidement les avantages nouveaux qu'ils offrent aux créanciers. Ils font naître à leur profit deux droits principaux, qui ont précisément pour résultat de remédier aux inconvénients que nous avons signalés ; ces droits sont le *droit de préférence* et le *droit de suite* :

Le *droit de préférence*, au moyen duquel le créancier hypothécaire ou privilégié, obtient avant tous créanciers chirographaires et avant tous créanciers hypothécaires inscrits après lui, son paiement sur le prix des biens affectés à sa garantie. Il règle les rapports des créanciers entre eux.

Le *droit de suite,* en vertu duquel il peut aller saisir et faire vendre entre les mains des tiers détenteurs, les immeubles que le débiteur a fait sortir de son patrimoine. Il règle les rapports des créanciers avec les tiers détenteurs.

Ainsi que l'indique le titre de notre sujet, le droit de suite fera seul l'objet de ce travail. Nous l'étudierons en droit romain et en droit français, et, comme transition entre ces deux législations, nous donnerons un aperçu historique sur le régime hypothécaire dans notre ancienne jurisprudence.

Cette étude comprendra donc trois parties :

Première Partie. — Du droit de suite en droit romain.

Deuxième Partie. — Aperçu historique sur le régime hypothécaire dans notre ancienne jurisprudence.

Troisième Partie. — Du droit de suite dans notre législation actuelle.

PREMIÈRE PARTIE.

DU DROIT DE SUITE

EN DROIT ROMAIN.

Avant de commencer l'étude du droit de suite proprement dit, nous croyons utile de retracer brièvement les différentes phases qu'a traversées la législation Romaine, avant d'arriver à l'hypothèque.

Dans le principe, quand un débiteur voulait affecter une chose à la garantie de sa dette, il en transférait la propriété au créancier, soit par la mancipation, soit par la *cessio in jure*. Mais afin de s'assurer à lui-même le retour de cette chose, dont il n'avait pas entendu se dépouiller irrévocablement, on ajoutait à l'aliénation un contrat désigné sous le nom de *fiducie*, par lequel le créancier s'engageait à remanciper ou à rétrocéder la chose au débiteur, dès qu'il aurait reçu son paiement.

Ce premier mode de constitution d'une sûreté réelle, était très-avantageux pour le créancier qui, devenu propriétaire absolu du gage, en pouvait disposer à son gré ; mais il était ruineux pour le débiteur. Si, en effet, le créancier, abusant d'un droit qui ne devait être en ses mains qu'une simple garantie, disposait de la chose, le débiteur qui avait perdu la propriété ne pouvait la revendiquer entre les mains de l'acquéreur. Il n'avait pour ressource que l'action *fiduciæ directa*, au moyen de laquelle il obtenait une indemnité pécuniaire ; encore, si le créancier était insolvable, n'était-ce qu'une ressource illusoire. Le débiteur, il est vrai, pouvait recouvrer sa chose au moyen de l'*usureceptio;* mais ce n'était là qu'un remède bien insuffisant.

Pour éviter cet inconvénient, on imagina le *pignus* qui transférait au créancier, non plus la propriété, comme dans le cas de *fiducie*, mais seulement la possession. Malheureusement, le gage avait lui-même deux grands inconvénients. D'abord, il privait le débiteur de la possession de sa chose, ce qui, dans certains cas, lui était extrêmement dommageable. En outre, la même chose ne pouvait servir de gage qu'à un seul créancier, bien que le montant de la créance fût très-minime, comparé à la valeur de la chose engagée. Le plus souvent, pour parer au premier inconvénient, on convenait que le débiteur conserverait la jouissance soit gratuitement, à titre de précaire, soit à la condition de payer au créancier un loyer qui venait alors en déduction de la dette; mais c'était encore un remède bien insuffisant, surtout dans le premier cas, le créancier restant toujours le maître de reprendre la chose *ad nutum*.

Frappés de toutes ces imperfections, les Romains empruntèrent aux Grecs l'*hypothèque*. L'hypothèque est un droit réel, accessoire, accordé au créancier sur une chose affectée à la sûreté de sa créance et constitué par la simple convention. Généralement, on admet que ce fut le préteur Servius qui le premier introduisit l'hypothèque chez les Romains. Quoi qu'il en soit, il est certain qu'elle fut introduite d'abord dans les relations du bailleur d'un fonds rural et du colon. C'était surtout en ce cas que le gage présentait des inconvénients. Comment, en effet, le colon aurait-il pu cultiver le fonds, s'il avait été obligé de se dessaisir de ses instruments aratoires et de ses meubles? Toutefois, afin de concilier les légitimes exigences du bailleur avec les nécessités du fermier, le préteur Servius décida que le bailleur pourrait suivre les meubles du fermier en quelques mains qu'ils vinssent à passer, les faire vendre et se faire payer sur le prix. L'action qui lui était accordée à cet effet se nommait, du nom de son auteur, action Servienne. Cette institution fut étendue et généralisée. On permit l'hypothèque dans tous les cas, et l'on donna aux créanciers hypothécaires une action nommée quasi-Servienne ou hypothécaire. C'est ainsi que fut créée l'hypothèque.

Ces notions étant données, revenons au droit de suite, qui fait l'objet de notre sujet, et demandons-nous :

1° A qui il appartient et contre qui il s'exerce;

2° Comment il s'exerce;

3° Quelles exceptions peuvent être opposées par le tiers-détenteur au créancier poursuivant;

4° Enfin, comment il s'éteint.

CHAPITRE I.

A qui appartient le droit de suite et contre qui il s'exerce.

Le droit de suite est un droit qui permet au créancier d'agir contre tout détenteur de la chose hypothéquée.

Il appartient, en principe, à tout créancier gagiste ou hypothécaire. La règle est même absolue sous Justinien, qui tranche en ce sens une controverse soulevée dans l'ancien droit, sur le point de savoir si le *pignus prætorium* résultent de la *missio in possessionem*, donnait droit de suite au créancier. Il nous dit : *non solum tenentem creditorem adjuvari sed etiam si a possessione cadat* (1). A l'occasion de cette décision, Justinien pose le principe que le droit de suite appartient à tout créancier gagiste ou hypothécaire.

N'existe-t-il pas cependant quelque différence entre le gage et l'hypothèque, même au point de vue de l'action hypothécaire ? A en croire Marcien, d'une manière générale, il n'y aurait entre le gage et l'hypothèque qu'une différence de nom : « *Inter pignus et hypothecam nominis tantum sonus differt* (2). » Justinien s'exprimant d'une façon plus précise, nous dit : « *Inter pignus et hypothecam, quantum ad actionem hypothecariam attinet nihil interest..., sed in aliis differentia est* (3). » Toutefois, même avec cette correction, la pensée n'est pas encore rigoureusement exacte, car il existe une différence entre le gage et l'hypothèque, même au point de vue de l'action hypothécaire. Le créancier nanti d'un *pignus* et qui en perd la possession peut agir immédiatement pour la recouvrer, sans avoir à attendre que sa créance soit échue : « *Quæsitum est*, dit Ulpien, *si nondum dies pensionis venit, an et medio tempore persequi pignora permittendum sit ? Et puto dandam pignoris persecutionem, quia, interest mea ; et ita Celsus scribit* (4). » Au contraire, le créancier qui n'a qu'une simple hypothèque ne peut agir qu'après l'échéance : « *Si paciscatur creditor*, dit Marcien, *ne*

(1) Loi 2, C., *De prætorio pign.* (VIII, 22).
(2) Dig., liv. XX, t. I, *De pign.*, Loi 5, § 1.
(3) Inst., liv. IV, t. VI, *De act.*, § 7.
(4) Dig., liv. XX, t. I, *De pign.*, Loi 14, pr.

intra annum pecuniam petat, intelligitur de hypotheca quoque idem pactus esse (1). »

Cette différence de position entre le créancier gagiste et le créancier hypothécaire se justifie facilement. Le premier, en contractant, a exigé la possession du gage depuis le jour du contrat jusqu'au paiement : lui refuser le droit d'agir avant l'échéance serait lui refuser ce qui lui a été promis, ce sur quoi il a compté. Au contraire, le créancier hypothécaire n'a rien exigé de pareil ; il n'a voulu avoir qu'une chose, un droit réel sur l'objet engagé, qui lui permît, s'il n'était pas payé à l'échéance, de s'en saisir et d'en faire de l'argent ; lui permettre d'agir avant l'échéance, ce serait lui accorder une possession intérimaire à laquelle il n'a pas droit, car il ne l'a pas stipulée et elle ne lui a pas été promise (2).

Le droit de suite peut être exercé contre tout détenteur de l'objet grevé, fût-il le propriétaire lui-même : « *In vindicatione pignoris*, dit Marcien, *quæritur an rem, de qua actum est, possideat is cum quo actum est* (3). » Dans la poursuite hypothécaire, on n'a à s'occuper que d'une chose : savoir si le défendeur détient ou ne détient pas.

Notons en passant que le détenteur peut être un créancier postérieur ou antérieur à celui qui le poursuit ; il en résulte un conflit entre créanciers, sur lequel nous reviendrons au chap. III.

(1) Dig., liv. XX, t. VI, *Quib. mod. solv.*, Loi 5, § 1.

(2) Toutefois, à cause du peu d'intérêt que présente en cette matière la distinction du *gage* et de l'*hypothèque*, nous nous servirons indifféremment de ces deux mots.

(3) Dig., liv. XX, t. I, *De pign.*, Loi 16, § 3.

CHAPITRE II.

Comment s'exerce le droit de suite?

Le but final et définitif du créancier est de se payer du montant de sa créance au moyen de la valeur de l'objet engagé.

Pour y arriver, deux choses sont nécessaires :

1° Il faut qu'il se mette en possession de la chose engagée, si cette chose n'est pas déjà à sa disposition ;

2° Une fois en possession, il faut qu'il vende et livre cette chose afin de se payer sur le prix.

De ces deux choses, la première doit seule nous occuper. Ce que nous avons, en effet, à étudier ici, ce sont les moyens à prendre par le créancier, pour se mettre en possession de l'objet affecté à la sûreté de sa créance.

Les voies de droit ouvertes au créancier sont pétitoires ou possessoires.

Les premières sont des actions résultant du droit de gage comme droit réel, savoir l'action Servienne et l'action quasi-Servienne ou hypothécaire. Celle-ci étant plus générale, attirera particulièrement notre attention.

Les secondes sont les interdits, dont le plus intéressant en cette matière est l'interdit Salvien.

SECTION I.

VOIES PÉTITOIRES ET EN PARTICULIER DE L'ACTION QUASI-SERVIENNE OU HYPOTHÉCAIRE.

1° *Définition de l'action hypothécaire. — Ses différents noms. — Sa nature. — Sa formule.*

L'action Servienne n'était originairement donnée qu'au locateur d'un fonds rural, pour se faire mettre en possession des objets affectés par le fermier au paiement des fermages. Mais cette action fut étendue par analogie, sous le nom de quasi-Servienne, aux autres cas de constitution de gage, de sorte qu'elle compéta à tout créancier gagiste pour la poursuite de son droit de gage. De là aussi son nom général et habituel d'*hypothecaria actio,* sans distinguer si le droit qui lui sert de fondement est une *hypotheca* ou un *pignus* dans le sens strict (1).

Cependant, même dans cette application extensive, on la nomme aussi quelquefois *Serviana* tout court. On appelle encore cette action réelle du gage, *vindicatio pignoris, pignoris persecutio, persecutio hypothecaria,* ou encore *pigneratitia in rem* ou *pigneratitia* tout court. Il faut bien se garder de confondre cette actio *pigneratitia,* servant de sanction au droit réel de gage ou d'hypothèque, avec une autre action du même nom, la *pigneratitia* proprement dite, action purement personnelle qui intervient dans les rapports du créancier avec son débiteur, tandis que l'actio *pigneratitia in rem* règle les rapports du créancier avec les détenteurs.

(1) Inst., liv. IV, t. VI, §§ 7 et 31.

Enfin, on rencontre quelquefois une *actio utilis pigneratitia* ou *utilis Serviana,* savoir dans les cas où une action du gage est accordée par des motifs d'équité, quoiqu'il manque quelqu'une des conditions requises d'ailleurs pour la constituer (1).

Une action est réelle lorsque le demandeur allègue un droit réel ou de famille; nous dirons donc que l'action hypothécaire est réelle : « *Pignoris persecutio in rem parit actionem creditori* (2), » nous dit Ulpien.

Puisque l'action hypothécaire est *in rem* et que toutes les actions *in rem* sont arbitraires, nous devons reconnaître que l'action hypothécaire est arbitraire, c'est-à-dire une de ces actions dans lesquelles le juge, après avoir proclamé le droit du demandeur, au lieu de passer à la *sententia,* qui serait pécuniaire, rend une décision intermédiaire dite *jussus* ou *arbitrium.* Nous aurons bientôt à en tirer des conséquences au point de vue de la poursuite hypothécaire.

L'action hypothécaire, nous l'avons déjà dit, est prétorienne : « *Item Serviana,* nous dit Justinien, *et quasi-Serviana quæ etiam hypothecaria vocatur, ex ipsius prætoris jurisdictione substantiam capit* (3). » Ajoutons qu'elle se range dans la classe des actions prétoriennes *in factum,* c'est-à-dire que la formule de l'action était rédigée *in factum,* et non pas *in jus.* C'est là un de ces détours dont on trouve de nombreux exemples en droit Romain, par lesquels la juridiction prétorienne corrigeait ce que le droit civil avait de trop rigoureux.

Sa formule ne nous a été conservée par aucun texte; on peut cependant conjecturer qu'elle devait être à peu près ainsi con-

(1) Dig., liv. XX, t. I, *De pign.*, Loi 22.
(2) Dig., liv. XX, t. I, *De pign.*, Loi 17.
(3) Inst., liv. IV, t. VI, § 7.

çue : *Si paret fundum, quo de agitur, in bonis L. Titii fuisse, eo tempore quo de pignore hypothecave ejus convenit, nisi solvatur, vel arbitrio tuo satisfactum sit, quanti ea res erit. N. Negidium, A. Ageriocondemna; si non paret absolve.*

2° *Conditions nécessaires pour exercer l'action hypothécaire.*

Dans notre droit français, le créancier hypothécaire qui veut conserver et exercer ses droits, doit commencer par leur donner une publicité déterminée. Il n'en est pas de même en droit Romain; l'hypothèque qui prend naissance sans aucune solennité, par un simple pacte (1), se conserve et s'exerce sans aucune publicité. C'est là un des vices les plus graves du système hypothécaire Romain.

Ainsi donc, le créancier n'a préalablement à sa demande aucune justification à faire. Mais une fois l'action intentée, ou pour parler plus exactement, une fois rendu devant le juge, le créancier, à cause de sa position de demandeur, doit faire certaines justifications que nous pouvons diviser en deux classes. Il doit prouver :

1° Qu'il a le droit d'exercer la poursuite hypothécaire *in abstracto,* contre tout individu qui pourra se trouver en possession de l'objet hypothéqué.

2° Qu'il a le droit d'exercer cette poursuite précisément contre le défendeur actuel *in concreto.*

Pour établir qu'il a le droit d'agir *in abstracto,* le demandeur devra prouver d'abord qu'il est créancier (2); ensuite, que l'objet en question lui a été valablement hypothéqué, ce qui implique la preuve qu'il appartenait à celui

(1) Dig., liv. XX, t. I, *De pign.*, Loi 4.
(2) Code, liv. IV, t. XXIV, *De pign. act.*, Loi 10.

qui a fourni l'hypothèque (1), ou du moins qu'il était *in bonis ejus* (2).

Pour établir qu'il a le droit d'agir *in concreto*, c'est-à-dire contre le défendeur actuel, le créancier doit prouver que ce défendeur possède ou qu'il a cessé de posséder par dol : *nam si non possideat, nec dolo fecerit quominus possideat, absolvi debet* (3).

Supposons maintenant que le juge a reconnu l'existence de ces faits ; il est constant que le demandeur est créancier, qu'il a une hypothèque valable, que le défendeur possède ou a cessé de posséder par dol. Que va-t-il en résulter ? Le procès peut avoir deux issues que nous allons examiner séparément : l'exécution de l'*arbitrium judicis* par le défendeur, ou une condamnation prononcée par le juge.

3° *De l'arbitrium judicis.*

Nous avons déjà constaté, au début de cette section, que l'action hypothécaire était une action arbitraire; nous croyons nécessaire de jeter ici un coup-d'œil rapide sur cette classe d'actions toute spéciale, à laquelle elle appartient.

Il est de principe dans le droit Romain, au moins sous le système formulaire, que la condamnation prononcée par le juge ne peut avoir pour objet qu'une somme d'argent (4). Ainsi je revendique ma maison contre un individu qui ne veut pas me la rendre, je le ferai condamner à me payer une somme d'argent ; mais, s'il le veut, il gardera ma chose.

Pour obvier à cet inconvénient si fâcheux pour le demandeur, voici ce qui fut imaginé. Le magistrat donne au juge

(1) Dig., liv. XXIII, t. III, *De probat.*, Loi 23.
(2) Dig., liv. XX, t. I, *De pign.*, Loi 18.
(3) Dig., liv. XX, t. I, *De pign.*, Loi 16, § 3.
(4) Gaii Inst., C. IV, § 48.

le pouvoir d'interposer son *arbitrium*; le juge, après avoir reconnu que la prétention du demandeur est fondée, peut dire au défendeur: « Exécutez l'*arbitrium* que je vais rendre, et je vais vous absoudre; sinon je vous condamne. » Ainsi, en matière de revendication, après avoir reconnu que la chose revendiquée appartient au revendiquant, il dira au défendeur: « Restituez, et je vous absous; sinon, je vous condamne. » C'est aux actions dans lesquelles ce pouvoir spécial est conféré au juge, qu'a été donné le nom d'arbitraires. L'action hypothécaire en est une.

Ces notions, bien qu'excessivement restreintes, étant suffisantes pour l'intelligence de ce qui va suivre, nous n'entrerons pas plus avant dans une matière étrangère à notre sujet.

Revenons à l'action hypothécaire.

Le magistrat a délivré la formule; le juge a reconnu l'exactitude des faits à prouver par le demandeur. Va-t-il condamner *de plano* le défendeur? Non; il va interposer son *arbitrium* et dire au possesseur: « Il y a une satisfaction à fournir au demandeur, fournissez-la et je vous absous. »

En quoi consistera précisément cette satisfaction? L'*arbitrium* du juge ouvre dans l'action hypothécaire une double issue au défendeur pour échapper à une condamnation. Il a deux partis à prendre: ou bien payer la dette hypothécaire, ou bien abandonner l'objet hypothéqué (1).

Si le défendeur prend le premier parti, il doit désintéresser complétement le créancier gagiste, et lui payer sa créance, tant en capital qu'en accessoires et intérêts valablement stipulés.

(1) Dig., liv. XX, t. I, *De pign.*, Loi 16, § 3.

Il peut préférer le second parti et abandonner la chose hypothéquée qu'il détient ; remarquons dans ce cas une particularité, en ce qui concerne les fruits : c'est qu'ils ne pourront être exigés par l'action hypothécaire qu'autant que la chose restituée ne suffira pas à désintéresser le demandeur (1).

Nous venons de voir ce que peut faire le détenteur pour éviter une condamnation : *cede aut solve,* lui dit le juge ; il faut qu'il paie la dette hypothécaire ou qu'il abandonne l'objet hypothéqué. Supposons maintenant qu'il ne veuille faire ni l'un ni l'autre, le procès se terminera nécessairement par une condamnation : *si vero neutrum horum faciat,* nous dit Marcien, *condemnatio sequetur* (2).

4° *De la condamnation.*

En principe, dans les actions arbitraires, la condamnation est égale à la valeur pécuniaire de l'intérêt qu'avait le demandeur à ce que l'*arbitrium* fût exécuté. Mais ici, ce qui fait la difficulté, c'est que l'*arbitrium* est double, le défendeur pouvant ou *cedere,* ou *solvere.* La condamnation sera-t-elle égale à l'intérêt qu'avait le demandeur à ce que le défendeur lui payât sa créance ? Devra-t-elle, au contraire, représenter l'intérêt qu'avait le demandeur à ce que la chose hypothéquée lui fût abandonnée ? Au premier cas, la condamnation devra être égale au montant de la créance hypothécaire ; dans le second, elle devra être égale à la valeur de la chose hypothéquée.

A cet égard, le droit Romain fait une distinction. Si l'action hypothécaire est dirigée contre le débiteur, la condamnation ne peut dépasser le montant de la dette, parce qu'au-

(1) Dig., liv. XX, t. I, *De pign.*, Loi 16, § 4.
(2) Dig., liv. XX, t. I, *De pign.*, Loi 16, § 3.

delà, le créancier n'a point d'intérêt : « *Adversus debitorem,* nous dit Ulpien, *non pluris quam quanti debet, quia non pluris interest* (1). »

Si, au contraire, l'action est dirigée contre un tiers détenteur, la condamnation pourra être plus forte et égaler la valeur de la chose hypothéquée. Ici, en effet, l'intérêt du créancier est précisément égal à cette valeur, car supposons que le débiteur vienne lui offrir le montant de sa dette et réclamer la chose engagée au moyen de la *pigneratitia directa*, le créancier qui ne pourra plus la lui rendre sera condamné à lui en payer la valeur. Il faut donc, dès à présent, lui mettre entre les mains de quoi se couvrir contre cette éventualité. C'est ce que nous dit Ulpien : « *Adversus cæteros possessores etiam pluris, et (quia) quod amplius debito consecutus creditor fuerit, restituere debet debitori pigneratitia actione* (2). »

Cette solution ne serait plus exacte dans le cas particulier où le détenteur aurait frauduleusement abandonné la possession. On appliquerait alors, comme dans les autres actions *in rem*, le *jusjurandum in litem* : « *Sin vero dolo quidem desiit possidere,* dit Marcien..., *tanti condemnabitur, quanti actor in litem juraverit, sicut in cæteris in rem actionibus*... (3). »

Notons en passant une décision de Marcien assez importante (4) : Ce jurisconsulte suppose une condamnation supérieure au montant de la dette hypothécaire ; il se demande si même après cette condamnation, le détenteur ne

(1) Dig., liv. XX, t. I, *De pign.*, Loi 21, § 3.
(2) Dig., liv. XX, t. I, *De pign.*, Loi 21, § 3.
(3) Dig., liv. XX, t. I, *De pign.*, Loi 16, § 3.
(4) Dig., liv. XX, t. I, *De pign.*, Loi 16, § 6.

peut pas se libérer en payant simplement le montant de cette dette, et, tout en reconnaissant que sa décision est contraire à la rigueur des principes et à l'*auctoritas sententiæ*, il se prononce en faveur du détenteur, *quod humanius est.*

Cette décision a beaucoup embarrassé les commentateurs. L'individu condamné, dont parle Marcien, est-il le débiteur lui-même? Mais nous venons de voir qu'à son égard la condamnation ne peut dépasser le montant de la dette hypothécaire. S'agit-il d'un tiers détenteur? Mais alors la décision de Marcien n'est pas équitable, car le créancier touchant une valeur inférieure à celle de la chose, ne pourra pas se couvrir contre l'action *pigneratitia*, qui sera peut-être dirigée plus tard contre lui par le débiteur; de telle sorte que le § 6 de la loi 16 de Marcien paraît en contradiction avec le § 3 de la loi 21 d'Ulpien (1).

Pour nous, nous pensons que la décision de Marcien s'applique à un débiteur; cela ressort du texte lui-même : *si pluris condemnandus sit debitor...*; mais à un débiteur qui s'est mis dans le cas de subir un *jusjurandum in litem.* La loi 21, § 3, qui semble dire que jamais la condamnation ne peut, vis-à-vis du débiteur, dépasser le montant de la dette, ne doit s'entendre que des circonstances ordinaires, et non des cas exceptionnels, comme le dol, qui donne lieu au *jusjurandum*. Dans ces cas, en effet, le débiteur est assimilé au tiers détenteur, cela résulte du § 3 de la loi 16 précitée, qui, parlant de *jusjurandum in litem* dans l'hypothèse où le défendeur a cessé de posséder par dol, ajoute : «*Nam si tanti condemnatus esset quantum deberet, quid proderat in rem actio, quum et in personam agendo idem*

(1) Dig., liv. XX, t. I, *De pign.*, Loi 21, § 3.

consequeretur? » Et il s'agit bien ici du débiteur, puisque le détenteur pouvait être poursuivi par une action *in personam*, et que contre les tiers détenteurs, le demandeur n'a que l'action réelle.

Ainsi donc, le débiteur lui-même peut, dans certaines circonstances exceptionnelles, subir une condamnation supérieure au montant de la dette, et dans ce cas, d'après les principes rigoureux, il devait payer le montant intégral de la condamnation. Toutefois, *humanitatis causâ*, Marcien lui accorde le droit de se libérer en payant simplement sa dette hypothécaire.

SECTION II.

Voies possessoires et en particulier de l'interdit Salvien.

1° Définition de l'interdit Salvien. — Sa nature.

Nous avons vu que l'hypothèque a pris naissance dans les relations du bailleur d'un fonds rural et du fermier, et que le bailleur avait l'action Servienne pour se faire mettre en possession des choses hypothéquées. Outre cette action, il avait un autre moyen d'arriver au même résultat : l'interdit Salvien.

L'interdit Salvien est un interdit possessoire rangé par Gaius et par Justinien dans la classe des interdits *adispiscendæ possessionis* (1). Quant à sa formule, elle ne nous est pas parvenue.

2° A qui il appartient et contre qui il s'exerce.

Gaius, Justinien et Théophile s'accordent à dire que l'in-

(1) Gaius, Inst., C. IV, § 147 ; Just., Inst., liv. IV, t. XV, § 3.

terdit Salvien appartenait au *dominus fundi*, mais ne mentionnent que lui. Nous pensons que la qualité de *dominus* n'était pas indispensable, qu'il suffisait que le créancier eût le titre de *locator;* qu'ainsi, un usufruitier ou un possesseur, jouant le rôle de bailleur, était fondé à user de cet interdit. Toutefois, beaucoup d'auteurs, entre autres Cujas, admettent à côté de l'interdit Salvien proprement dit, un interdit quasi-Salvien au profit de tous les créanciers hypothécaires, à l'imitation de l'action quasi-Servienne. Quant à nous, nous repoussons cette extension ; si cet interdit avait existé, nous en trouverions certainement mention dans de nombreux textes. Or, aucun n'en parle ; de ce silence absolu sur un interdit qui eût été d'une si fréquente application, nous devons conclure qu'il n'a jamais existé.

Gaius et Justinien ne nous disent pas contre qui se donnait l'interdit Salvien ; Théophile, au contraire, est formel en cet endroit, et le donne κατὰ πάντος κατέχοντος. La loi 1, § 1, *De Salv. interd.*, au Dig., nous dit également que l'interdit Salvien peut être intenté *adversus extraneum* (1). Il ne fournirait, en effet, qu'une protection bien précaire, s'il n'atteignait que le débiteur, et s'il suffisait à ce dernier, pour le rendre inutile, de se dépouiller de la possession. Des auteurs cependant soutiennent l'opinion contraire et s'appuient sur la loi 1 du Code, *De salv. interd.*, qui paraît effectivement ne l'accorder qu'à l'encontre du débiteur : « *id enim tantummodo adversus conductorem debitoremve competit* (2). » La conciliation de ce texte avec le passage de Théophile et les décisions contenues aux *Pandectes* a beaucoup occupé les commentateurs. Peut-être

(1) Dig., liv. XLIII, t. XXXIII, *De Salv. interd.*, Loi 1, § 1.
(2) Code, liv. VIII, t. IX, *De prec. et Salv. interd.*, Loi 1, § 1.

vaut-il mieux les déclarer franchement inconciliables et dire simplement que le Code a dérogé au Digeste.

3° *Sur quoi il porte. Conditions de son exercice.*

Suivant Gaius et Justinien, l'interdit Salvien a trait aux choses du colon qui, par l'effet d'une convention, ont été affectées au paiement des fermages : *de rebus coloni quas is pro mercedibus fundi pignori futuras pepigisset* (1).

Pour réussir, le demandeur devait prouver qu'une convention formelle était intervenue à l'effet d'engager au paiement des fermages les choses apportées sur le fonds. A cet égard, il y a similitude entre les conditions de l'interdit Salvien et celles de l'action soit Servienne, soit quasi-Servienne.

Il fallait, en outre, que l'apport eût été réalisé, ce qui constitue une particularité propre à l'interdit Salvien. Cette condition est généralement admise, bien qu'elle ne soit relevée ni par Gaius, ni par Justinien. La loi 1, *De Salv. interd.*, et la loi 2, *Eod tit.*, mentionnent du reste constamment la circonstance d'une *inductio* ou *illatio* (2). C'est pourquoi les jurisconsultes s'occupent de déterminer le caractère que doit présenter l'apport effectué. Il faut qu'il s'agisse d'un apport permanent : *Ea sola quæ, ut ibi sint, illata fuerunt* (3), nous dit Pomponius.

Le demandeur à l'interdit Salvien, n'était pas obligé de démontrer que son fermier était propriétaire des choses hypothéquées au moment de la convention, et c'est ici surtout qu'il se sépare de l'action Servienne et quasi-Servienne. Il devait seulement prouver que son fermier était possesseur.

(1) Gaii Inst., C. IV, § 147 ; Just., Inst., liv. IV, t. XV, § 3.
(2) Dig., liv. XLIII, t. XXXIII, Lois 1 et 2.
(3) Dig., liv. XX, t. 2, *In quib. caus. pign.*, Loi 7, § 1.

La dispense d'une semblable preuve au profit du *locator* n'est que la conséquence de la restriction que nous assignons au débat soulevé par l'interdit Salvien, qui n'est, à nos yeux, autre chose qu'une voie possessoire.

4° *Utilité de l'interdit Salvien coexistant avec l'action Servienne.*

Une question délicate, et qui a soulevé de nombreuses controverses parmi les jurisconsultes, est celle de savoir comment on doit expliquer le concours de l'interdit Salvien et de l'action Servienne. Effectivement, si l'on rapproche le § 3, *De interdictis*, du § 7, *De actionibus*, on est tenté de se demander si les deux voies ne font pas double emploi (1).

Des auteurs considérables, M. de Savigny notamment, ont répondu affirmativement à cette question. L'interdit Salvien n'aurait été que le point de départ, puis on serait arrivé à la création de l'action Servienne, qui aurait rendu l'interdit désormais inutile.

M. Ducaurroy veut, au contraire, que l'action ait précédé l'interdit et prétend que ce dernier présente un très-grand intérêt dans une hypothèse spéciale. Quand l'hypothèque n'était possible que dans les relations du bailleur et du fermier, le bailleur était sûr qu'il ne pouvait pas y avoir d'autre hypothèque conférée au profit d'un tiers ; mais quand cette institution fut généralisée, il pouvait arriver qu'au moment où le fermier apportait certains objets dans la ferme, ils fussent déjà hypothéqués au profit d'une ou plusieurs personnes. — La situation du bailleur était alors fâcheuse, car s'il intentait l'action Servienne, il était repoussé. Le préteur Salvius imagina alors l'interdit Salvien, par lequel le bailleur se faisait mettre en possession et obtenait la position si favo-

(1) Just., Inst., liv. IV, t. VI, *De act.*, § 7, et t. XV, *De interd.*, § 3.

rable de défendeur à l'action hypothécaire, qu'intentaient ensuite contre lui les autres créanciers.

Pour nous, empruntant à ces deux systèmes, nous pensons avec M. de Savigny que l'interdit Salvien a précédé l'action Servienne; mais qu'en créant l'action Servienne, suivant M. Ducaurroy, le préteur a conservé l'interdit Salvien, qui présente une utilité spéciale. Outre l'avantage signalé par M. Ducaurroy, l'interdit Salvien offrait encore un intérêt considérable, c'est que le demandeur avait seulement à prouver que son fermier était possesseur de la chose engagée, tandis que le demandeur à l'action Servienne devait prouver qu'il était propriétaire.

5° *Autres voies possessoires ouvertes au créancier hypothécaire.*

L'interdit Salvien n'est pas la seule voie possessoire ouverte au créancier hypothécaire. Il peut encore exercer les interdits ordinaires *retinendæ et recuperandæ possessionis* pour le maintien ou le recouvrement de la possession de la chose engagée. Comme ces interdits sont régis en tant qu'ils sont donnés au créancier gagiste par les règles de droit commun, nous nous bornons à y renvoyer.

CHAPITRE III.

Moyens offerts au tiers détenteur pour repousser le créancier hypothécaire.

Nous avons vu que par l'action hypothécaire, le créancier triomphe contre tout possesseur de la chose engagée ou hypothéquée. Il existe cependant certains moyens offerts au tiers détenteur, soit pour repousser d'une manière absolue la poursuite hypothécaire, soit pour la rendre moins gênante et moins onéreuse. Quelques-uns de ces moyens existaient déjà dans l'ancien droit; mais c'est surtout Justinien qui a amélioré la position du tiers détenteur, par les différents bénéfices de discussion et de cession d'actions qu'il lui a accordés dans le Code et dans les Novelles. Nous allons successivement les parcourir.

1° *Exception résultant d'un droit de gage antérieur.* — Le détenteur de la chose hypothéquée peut être lui-même un créancier gagiste, à qui cette chose a été spécialement engagée. Supposons qu'il soit poursuivi au moyen de l'action quasi-Servienne, par un autre créancier à qui la même chose a été hypothéquée, il pourra, s'il lui est antérieur en hypothèque, le repousser au moyen d'une exception ainsi conçue : *Si non mihi ante pignori hypothecæve nomine sit res obligata* (1).

A l'occasion de cette exception, nous avons à noter une hypothèse rapportée par Ulpien dans son livre 73 sur l'Edit. Le débiteur a hypothéqué sa chose à deux créanciers, *utrique in solidum*. Chacun d'eux pourra exercer l'action hypothécaire pour le tout contre les tiers détenteurs; mais si la contestation s'élève entre les deux créanciers, on donnera gain de cause à celui qui sera en possession, en lui permettant d'opposer à l'autre l'exception : *Si non convenit ut eadem res mihi quoque pignori esset*. La solution serait différente, ajoute Ulpien, si la chose avait été hypothéquée *pro partibus* : chaque créancier aura, et contre l'autre créancier, et contre les tiers, l'action Servienne utile, au moyen de laquelle chacun obtiendra la possession de la moitié de la chose (2).

(1) Dig., liv. XX, t. IV, *Qui potior.*, Loi 12, pr., et § 7.
(2) Dig., liv. XX, t. I, *De pign.*, Loi 10.

A ce que nous venons de dire se rattache un autre bénéfice accordé au créancier gagiste détenteur de la chose hypothéquée et poursuivi hypothécairement par un créancier antérieur. A Rome, le créancier premier en date avait seul le plein exercice des droits que confère l'hypothèque ; les créanciers postérieurs ne pouvaient le forcer à vendre, ni le contraindre à garder l'objet hypothéqué, lorsqu'il voulait l'aliéner. Il en résultait pour ce dernier une situation très-fâcheuse, car il pouvait arriver que le créancier antérieur détériorât la chose ou la vendît dans des conditions telles, que le prix en provenant ne pût suffire à couvrir les créanciers postérieurs. Pour obvier à ces inconvénients, on leur accorda le droit de prendre la place du créancier antérieur en le désintéressant ; c'est ce qu'on appelle le *jus offerendæ pecuniæ* ou *jus offerendi*.

Les principes que nous venons de poser, nous fournissent la solution d'une question intéressante, surtout au point de vue pratique : quelle est la situation du tiers détenteur qui a acheté du débiteur la chose hypothéquée, en convenant que le prix servirait à désintéresser les premiers créanciers hypothécaires, lorsque ce tiers détenteur est ensuite poursuivi par un créancier hypothécaire postérieur non payé? Il pourra repousser les créanciers postérieurs comme auraient pu le faire les créanciers antérieurs qui ont été payés par lui. Mais, de même que le créancier antérieur aurait pu être forcé de subir le *jus offerendi*, de même l'acheteur pourra être forcé à déguerpir, si le créancier postérieur offre de lui rembourser *quod ad alium creditorem de nummis ejus pervenit et usuras medii temporis* (1).

2° *Exception pour raison d'impenses.*

(1) Dig., liv. XX, t. V, *De distract. pign.*, Loi 3, § 1.

Paul, dans la loi 29, § 2, suppose qu'une maison donnée en gage a été brûlée, et que Lucius Titius achète ce terrain et y bâtit. Pourvu que Titius ait été de bonne foi, c'est-à-dire n'ait pas connu l'existence de l'hypothèque, il n'est tenu de restituer la chose au créancier que si celui-ci lui rembourse la plus-value résultant de la construction. « *Bona fide possessores, non aliter cogendos creditoribus ædificium restituere, quam sumptus in extructione erogatos quatenus pretiosior res facta est reciperent* (1). »

3° *Bénéfice de discussion.*

C'est Justinien qui introduisit dans le système hypothécaire le bénéfice de discussion en faveur du tiers détenteur. Ce bénéfice se présente à deux points de vue ; aussi les commentateurs le divisent-ils en deux espèces : le *beneficium excussionis personale* et le *beneficium excussionis reale.*

a. — *Beneficium excussionis personale.* — Dans le droit classique, le créancier qui avait pour obligé un débiteur, un fidéjusseur et un tiers détenteur d'une chose hypothéquée à sa créance, pouvait actionner celui des trois qu'il lui plaisait de choisir. Ce droit est encore le droit du Code ; nous en trouvons la preuve dans un rescrit de Dioclétien et Maximien, qui indique cette règle comme étant *certi juris* (2). Toutefois le créancier devait avertir le débiteur de sa poursuite, s'il la dirigeait d'abord contre le possesseur de la chose engagée.

Une exception à cette règle existait à l'égard du fisc. Il devait commencer par poursuivre le débiteur ou ses héritiers avant de venir au tiers détenteur (3). Le fisc aurait, selon

(1) Dig., liv. XX, t. 1, *De pign.*, Loi 29, § 2.
(2) Code, liv. VIII, t. XIV, *De pign.*, Lois 14 et 24.
(3) Dig., liv. XLIX, t. XIV, *De jure fisci*, Loi 47, pr.

Cujas, continué d'observer une ancienne loi qui imposait au créancier la nécessité d'agir d'abord contre le débiteur. Cette loi, dont il ne reste pas de traces dans les écrits des jurisconsultes Romains qui sont parvenus jusqu'à nous, remonterait, suivant ce jurisconsulte, aux temps les plus reculés, peut-être à la loi des XII Tables (1).

Justinien voulut restaurer cette ancienne loi en l'améliorant. Dans sa Novelle 4 (2), il décide que le créancier qui a un débiteur, un fidéjusseur, et de plus une hypothèque sur des biens appartenant soit au débiteur ou au fidéjusseur, soit à un tiers qui les a hypothéqués sans s'obliger personnellement à la dette, ne peut exercer son action hypothécaire qu'après avoir épuisé ses actions personnelles. Ainsi il doit poursuivre d'abord le débiteur, ensuite le fidéjusseur, et c'est alors seulement qu'il peut se saisir des biens hypothéqués entre les mains du tiers détenteur. Le créancier a même, pour l'exercice de son action hypothécaire, un certain ordre à observer ; il doit poursuivre d'abord les biens hypothéqués du débiteur, ensuite ceux du fidéjusseur, et enfin ceux du tiers détenteur. Cette faculté accordée au tiers détenteur de renvoyer le créancier au débiteur ou au fidéjusseur constitue ce que les commentateurs ont appelé le *beneficium excussionis personale*. Justinien n'impose aucune condition au détenteur ; seulement il prévoit l'hypothèse où le débiteur principal est absent, et décide qu'alors le détenteur poursuivi ne pourra que demander au juge un délai, pour mettre en cause le débiteur personnel ; le délai expiré, il sera forcé de payer ou de délaisser sans pouvoir opposer le bénéfice de discussion.

(1) Cujas, *Exposit.*, Novelle 4.
(2) *Authent. collat.*, I, tit. IV, cap. 2 (Novelle 4).

b. — *Beneficium excussionis reale.* — A côté du *beneficium excussionis personale* dont nous venons de parler, il existait un autre bénéfice, le *beneficium excussionis reale.* Voici en quoi il consistait : lorsqu'un créancier avait pour la même dette une hypothèque générale et une hypothèque spéciale, le possesseur des choses soumises à l'hypothèque générale, attaqué par l'action hypothécaire, pouvait régulièrement exiger que le créancier s'en prît d'abord aux choses qui lui étaient spécialement affectées.

C'est ce qui résulte d'un rescrit de Sévère et Antonin, qui forme la loi 2, au Code. Nous voyons dans ce rescrit que cette décision est admise *utilitatis causa,* bien que contraire aux principes rigoureux du droit ; « *Quamvis constet creditorem in omnibus æquale jus habere.... jurisdictio tamen temperanda est* (1). » La même décision est reproduite dans un autre rescrit de Dioclétien et Maximien (2).

4° *Bénéfice cedendarum actionum.*

Le détenteur d'une chose hypothéquée, qui pour conserver cette chose a payé la dette hypothécaire, doit avoir un recours contre le débiteur qu'il a libéré. Il peut avoir, suivant les cas, l'action *mandati contraria,* s'il a payé sur l'ordre du *reus ;* l'action *negotiorum gestorum,* s'il a payé sans son ordre ; ou bien, s'il est acquéreur à titre onéreux, l'action que son contrat lui fournit en cas d'éviction ; ou enfin l'action *ex stipulatu,* si l'éviction a été prévue et réglée à l'avance par une stipulation.

Mais ne peut-il pas exiger, en outre, en désintéressant le créancier, que ce créancier lui cède les actions qu'il a contre le débiteur ? Ces actions peuvent être accompagnées d'une

(1) Loi 2, C., *De pign.* (VIII, 14).
(2) Loi 9, C., *De distract. pign.* (VIII, 28).

fidéjussion ou d'une hypothèque, et par conséquent être plus efficaces que celles qui lui appartiennent *proprio nomine*. Nous pensons qu'il faut répondre affirmativement, et que si le créancier se refuse à faire cette cession, son refus ne pouvant s'expliquer par aucun motif légitime, il pourra être repoussé par l'exception de dol. C'est ainsi que Scévola dit, en parlant d'un tiers détenteur poursuivi par l'action hypothécaire : *Quæro an, si ei justus possessor offerat, compellendus sit (creditor) jus nominis cedere; respondi posse videri non injustum postulare* (1).

CHAPITRE IV.

Extinction du droit de suite.

La cause la plus générale de l'extinction du droit de suite, c'est l'extinction du droit de gage lui-même. Mais comme il ne rentre pas dans le cadre de cette étude d'examiner les causes qui peuvent amener l'extinction de l'hypothèque en elle-même, nous renvoyons sur ce point à l'énumération qui en est faite dans l'ouvrage Allemand de Schilling, traduit par M. Pellat (2).

Dans notre droit Français, nous verrons qu'il existe un certain nombre de cas dans lesquels le droit de suite s'éteint seul, en laissant subsister après lui le droit de préférence. A Rome, ces deux droits sont plus étroitement unis et se séparent moins facilement. C'est ainsi que Gaius semble nous dire que le droit de suite une fois disparu, le gage ou

(1) Dig., liv. XX, t. IV, *Qui potior.*, Loi 19.
(2) *Traité du droit de gage et d'hypothèque*, § 20 (223).

l'hypothèque est éteint : *Nullum enim pignus est, cujus persecutio negatur* (1). Recherchons, cependant, s'il n'existe pas en droit Romain, comme chez nous, des cas où le droit de suite disparaît, sans entraîner en même temps la disparition du droit de préférence :

1° *Aliénation régulièrement consentie par le créancier hypothécaire qui est au premier rang.* — Une chose est hypothéquée à plusieurs créanciers. Le premier en date la vend à un tiers et prend le produit de la vente, que nous supposons être supérieur au montant de sa créance. Il en résulte que les créanciers postérieurs perdent leur droit de suite, car ils n'ont plus aucune action contre l'acheteur : « *creditor.... ab omni possessore eam* (*hypothecam*) *auferre poterit præter priorem creditorem et qui ab eo emit* (2). » Mais le droit de préférence est conservé et les créanciers postérieurs sont payés sur ce qui reste du prix de vente, après le paiement du premier créancier, conformément à leur rang d'hypothèque.

2° *Renonciation du créancier.* — Le créancier peut consentir à ce que le débiteur aliène la chose hypothéquée, tout en se réservant son rang de préférence sur le prix de cette chose. Dans ce cas, il y a encore pour lui perte du droit de suite et survivance du droit de préférence.

3° *Refus du créancier de céder ses actions au tiers détenteur.* — Nous avons admis dans le chapitre précédent que le créancier qui refuse sans motif légitime de céder ses actions au tiers détenteur peut être repoussé par l'exception de dol. Son droit de suite se trouve donc éteint. Toutefois, si la chose hypothéquée vient à être saisie et vendue par un

(1) Dig., liv. IX, t. IV, *De nox. act.*, Loi 27, pr.
(2) Dig., liv. XX, t. IV, *Qui potior.*, Loi 12, § 7.

autre créancier hypothécaire, le créancier qui a perdu son droit de suite pourra encore exercer son droit de préférence et se faire payer à son rang.

4° *Præscriptio longi temporis.* — Avant Théodose, l'action hypothécaire était imprescriptible. Cet empereur décida que l'action hypothécaire se prescrirait à l'égard des tiers détenteurs par le laps de temps ordinaire.

Remarquons que la prescription dont il s'agit ici exige les mêmes conditions de fond que l'usucapion, savoir la *justa causa* et la *bona fides*; que de plus, elle exige un laps de temps plus considérable, d'où il résulte que celui qui peut dire : j'ai prescrit, peut également dire : j'ai usucapé. Or, comme avec l'usucapion on devient propriétaire, quel intérêt le tiers détenteur peut-il avoir à invoquer la prescription qui semble ne lui donner au premier abord que des droits moins considérables?

Cet intérêt, nous le trouvons précisément ici. En effet, au moyen de l'usucapion, on acquiert la chose usucapée, *cum sua causa,* avec tous les droits qui la grèvent, et notamment les hypothèques; au contraire, celui qui peut invoquer la *præscriptio longi temporis*, peut l'opposer aussi bien au créancier hypothécaire exerçant l'action quasi-Servienne qu'au propriétaire exerçant la revendication (1).

5° *Vente par le fisc de l'objet hypothéqué.* — Mentionnons, en terminant, un mode d'extinction du droit de suite assez singulier et qui n'est qu'une anomalie introduite par Justinien. Lorsqu'une chose hypothéquée à un particulier a été vendue par le fisc, l'empereur ou l'impératrice, l'acquéreur ne peut plus être inquiété par le créancier hypothécaire; celui-ci n'a qu'une action en indemnité contre le fisc (2).

(1) Dig., liv. XLIV, t. 3, *De div. temp. præscr.*, Loi 12.
(2) Inst., liv. II, t. 6, *De usucap.*, § 14.

DEUXIÈME PARTIE.

NOTIONS GÉNÉRALES

Sur le régime hypothécaire dans notre ancien droit.

Nous ne donnerons ici qu'un aperçu général du régime hypothécaire à cette époque, nous réservant de revenir dans notre troisième partie, sur les détails qui ont trait à notre sujet.

Le système hypothécaire Romain passa presque en entier dans notre ancien droit Français. Ainsi, d'une part, les constitutions d'hypothèques pouvaient porter sur la généralité des biens présents et à venir du constituant, et il était permis de les attacher à des créances indéterminées, aussi bien qu'à des créances déterminées. D'autre part, l'efficacité des hypothèques n'était pas subordonnée à leur inscription sur des registres publics.

Il y subit toutefois quelques modifications. Tandis qu'à Rome tout ce qui était susceptible d'être vendu, meubles ou immeubles, pouvait être hypothéqué; la plupart des coutumes, entre autres, celles de Paris et d'Orléans, ne permettaient d'hypothéquer que les immeubles ; cependant la coutume de

Normandie admettait l'hypothèque sur les meubles, mais quant au droit de préférence seulement. En outre, il ne suffisait plus comme à Rome, dans le droit prétorien, d'un simple pacte pour créer une hypothèque; les actes sous seing privé, pour conférer hypothèque, devaient être reconnus en justice ou déposés chez un notaire, du consentement de toutes les parties. Quant aux actes notariés et aux jugements, ils emportaient de plein droit et indépendamment de toute stipulation, hypothèque générale sur les immeubles du débiteur. Enfin, dans notre ancienne jurisprudence, le droit de suite était complétement indépendant du droit de préférence. L'action hypothécaire, contrairement à ce qui se passait à Rome, pouvait être intentée par tout créancier, quel que fût son rang, sauf aux autres à se faire colloquer suivant la date de leur titre.

Les vices de cette législation, dont le plus grave était sans contredit le défaut de publicité de l'hypothèque, avaient de bonne heure fixé l'attention des jurisconsultes et des hommes d'Etat. En 1673, Colbert fit rendre un édit qui consacrait et organisait le principe de la publicité des hypothèques. Cet édit était intitulé : *Edit portant établissement de greffes, pour l'enregistrement des oppositions des créanciers hypothécaires*. Il établissait dans chaque bailliage et sénéchaussée un greffe spécial, dans lequel tous ceux qui prétendaient hypothèque ou privilége pouvaient *faire enregistrer leurs oppositions* (c'était le terme par lequel était désignée l'inscription hypothécaire), pour la sûreté et la conservation de leurs droits. Les créanciers dont les oppositions avaient été ainsi enregistrées, étaient préférés sur les immeubles auxquels s'appliquaient ces oppositions, aux créanciers même antérieurs qui n'avaient pas rempli cette formalité. Lorsque l'enregistrement avait eu lieu dans les quatre mois de la date de l'acte qui conférait l'hypothèque, cette hypothèque prenait rang du jour de l'acte lui-même ; si l'inscription n'avait eu lieu qu'après les quatre mois, l'hypothèque ne prenait rang que du jour de l'enregistrement. La même règle s'appliquait aux priviléges.

Etaient toutefois dispensés de l'enregistrement, les priviléges et hypothèques lorsque la créance n'excédait pas 200 livres ou 10 livres de rente, l'hypothèque du fisc sur les biens du comptable. Quant à l'hypothèque de la femme et à celle des mineurs, elles en étaient également dispensées ; toutefois, le mineur était tenu de faire enregistrer ses oppositions dans l'année qui suivait sa majorité, la femme veuve, dans l'année du décès de son mari. De même, si des créanciers étaient subrogés à l'hypothèque tacite de la femme, ils étaient tenus de former opposition sur les biens du mari dans les quatre mois, du jour où la subrogation leur avait été consentie.

Comme on le voit, l'édit de 1673 est la source où ont été puisées les dispositions des art. 8 et 9 de la loi du 23 mars 1855, dispositions essentiellement sages, qui restreignent au temps de l'incapacité et aux personnes incapables la protection spéciale de la loi.

Telles étaient les dispositions les plus saillantes de l'édit de 1673. Il posait les bases du régime qui nous régit actuellement, en réalisant non seulement la publicité, mais aussi la spécialité de l'hypothèque, puisque l'opposition devait désigner l'immeuble auquel elle s'appliquait. Il semblait que ces innovations répondissent à un besoin général et qu'elles donnassent à tous les intérêts une satisfaction équitable; que, par conséquent, elles dussent être accueillies avec faveur par l'opinion publique. Il n'en fut rien cependant ; on s'alarma de l'inquisition qu'allait amener le nouveau système, on prétendit que rien n'était non seulement plus injuste, mais encore plus contraire au crédit public, que de lever le voile qui couvre le secret des fortunes particulières. Aussi le gouvernement crut-il devoir, par un édit d'avril 1674, révoquer celui de mars 1673 : « Quoique nos sujets, est-il dit dans le préambule, pussent recevoir de très-considérables avantages de son exécution, néanmoins, comme il arrive ordinairement que les réglements les plus utiles ont leurs difficultés dans leurs premiers établissements, et qu'il s'en rencontre dans celui-ci qui ne peuvent être surmontées, dans un temps où nous sommes obligés de donner notre application principale aux affaires de la guerre, nous avons résolu de le révoquer, etc. »

Une réforme était cependant nécessaire; elle fut accomplie par un édit de juin 1771, intitulé : *Édit portant création des conservateurs des hypothèques sur les immeubles réels et fictifs, et abrogation des décrets volontaires.* Le système établi par cet édit différait notablement de celui que l'édit de 1673 avait vainement essayé d'introduire; avant de l'exposer, et afin d'en faciliter l'intelligence, disons un mot de l'état antérieur de la législation sur le point qu'il a réglé.

A Rome, le tiers détenteur, par suite d'aliénation volontaire, était dans l'impossibilité de soustraire les biens par lui acquis à l'action hypothécaire des créanciers de son vendeur. Sans doute, dans les ventes publiques *(subhastationes)*, les créanciers étaient avertis par des signes publics, et ceux qui étant présents et ainsi avertis, n'exerçaient pas leur choix hypothécaire, pouvaient être considérés comme l'ayant perdu : *Possunt videri obligationem pignoris amisisse* (1). Mais il n'y avait rien de semblable pour les aliénations volontaires.

(1) Code, Liv. VIII, t. XXVI, Loi 6.

Dans notre ancienne jurisprudence, il en fut autrement. On voulut qu'en toute hypothèse, et même dans le cas d'aliénation volontaire, l'acquéreur eût la possibilité de mettre le bien par lui acquis à l'abri de l'action hypothécaire. De là les deux moyens qui se sont succédé dans notre ancien droit Français, et qui présentent les deux aspects sous lesquels est alors apparue la procédure qualifiée dans notre droit moderne, de *purge des privilèges et hypothèques :* nous voulons parler des *décrets volontaires* et des *lettres de ratification.*

Les ventes *par décret* (c'est-à-dire les ventes judiciaires sur saisie) avaient pour effet de purger le bien ainsi vendu des droits réels et notamment des hypothèques dont il était antérieurement grevé ; on eut l'idée, pour arriver au même résultat, de recourir fictivement à ce mode d'aliénation, qui prenait alors le nom de *décret volontaire.* Pour cela, on passait à un tiers, qui en donnait contre-lettre, une obligation en brevet, pour une somme actuellement exigible; en vertu de cette obligation, le créancier supposé faisait saisir et poursuivre la vente par décret. Les créanciers hypothécaires étaient alors tenus, sous peine de déchéance, de former opposition et de produire à l'ordre qui s'ouvrait sur le prix ; après quoi, la propriété de l'acquéreur se trouvait à l'abri de tout danger d'éviction, pour raison des charges qui pouvaient la grever antérieurement.

Il serait inutile d'entrer ici dans les détails de cette procédure minutieuse et compliquée. Bornons-nous à dire qu'elle offrait les inconvénients les plus graves et était onéreuse pour tous. Aussi l'usage en fut-il abrogé, et l'édit de 1771 substitua les *lettres de ratification* aux décrets volontaires, voulant, selon l'expression de son préambule, « ouvrir aux propriétaires une voie facile de disposer de leurs biens, et aux acquéreurs, de rendre stable leur propriété et de pouvoir se libérer du prix de leur acquisition, sans être obligés de garder longtemps des deniers oisifs. »

Aux termes de cet édit, lorsqu'un immeuble était vendu, si l'acquéreur voulait purger, il devait déposer le contrat de vente au greffe du bailliage ou de la sénéchaussée dans le ressort duquel les biens vendus étaient situés ; le greffier exposait un extrait de ce contrat dans un tableau placé à cet effet dans l'auditoire, cette exposition durait deux mois. Elle avait pour but d'avertir les créanciers que les biens hypothéqués étaient vendus, et qu'ils avaient à veiller à la conservation de leurs droits. En conséquence, ils devaient, dans le délai de deux mois, former opposition au sceau des lettres de ratification ; passé ce temps, ils étaient présumés avoir renoncé à leur droit hypothécaire, et l'acquéreur obtenait des lettres de ratification qui avaient pour effet de purger l'immeuble aliéné de toutes charges antérieures. Entre les créanciers opposants, le droit de préférence était déterminé non pas par la date des oppositions, mais par celle de l'acte constitutif d'hypothèque.

Tel était le système général à cette époque. Quelques provinces du Nord, appelées *pays de saisine ou de nantissement,* avaient cependant adopté un régime hypothécaire tout différent de celui qui vient d'être exposé. Sous ce régime, fondé sur le principe de la publicité, les hypothèques n'avaient d'existence et d'effet à l'égard des tiers qu'autant qu'elles étaient rendues publiques, au moyen d'une inscription faite, avec la permission du juge, sur un registre à ce destiné. L'hypothèque ne prenait rang que du jour de l'inscription. De là il résultait que lorsqu'une hypothèque avait été établie sur un immeuble, le même immeuble ne pouvait être ensuite grevé d'autres hypothèques au détriment du premier créancier. La date et le rang de chaque constitution se trouvaient ainsi constatés avec certitude.

La Révolution, en ébranlant à la fois et le crédit public, et la confiance entre particuliers, vint mettre à nu les nombreuses imperfections de la législation hypothécaire jusqu'alors en vigueur. Deux lois furent successivement rendues pour y porter remède. La première, du 9 messidor an III, posa le principe de la publicité. Pour le mettre en pratique, elle établit dans chaque arrondissement cantonal un conservateur chargé d'inscrire les actes hypothécaires sur des registres tenus à cet effet, et subordonna l'efficacité des hypothèques à l'accomplissement de cette formalité. La seconde, du 11 brumaire an VII, fit un pas de plus. Elle disposa qu'à l'avenir, on ne pourrait établir d'hypothèques conventionnelles que pour garantir des créances déterminées, et que ces hypothèques ne pourraient frapper que sur des immeubles spécialement désignés. Elle consacra ainsi le principe de la spécialité et en fit, avec celui de la publicité, les bases d'une nouvelle législation.

Tel était l'état de la législation lors de la rédaction du Code civil. On discuta longtemps au Conseil d'État sur le choix entre le système Romain et celui de la loi de brumaire. Le principe de la publicité et de la spécialité de l'hypothèque finit par triompher et à juste titre.

Comme nous le verrons dans notre troisième partie, le régime hypothécaire tel qu'il avait été établi par le Code civil, fut d'abord modifié par les art. 834 et 835 du Code de procédure, puis ensuite d'une manière plus profonde par la loi du 23 mars 1855 sur la transcription. Nous verrons aussi que la loi du 21 mai 1858, portant modification de certains articles du Code de procédure, contient des dispositions nouvelles relatives aux droits des créanciers, jouissant d'une hypothèque légale dispensée d'inscription.

TROISIÈME PARTIE.

DU DROIT DE SUITE

Dans notre législation actuelle

(Art. 2166-2179, Code civil).

Cette étude du droit de suite dans notre législation actuelle, comprendra quatre chapitres :

CHAPITRE I. — A qui appartient le droit de suite et conditions de son exercice.

CHAPITRE II. — Contre qui s'exerce le droit de suite.

CHAPITRE III. — Effets du droit de suite.

CHAPITRE IV. — Modes d'extinction du droit de suite.

CHAPITRE I.

A qui appartient le droit de suite et conditions de son exercice.

Nous diviserons ce chapitre en deux sections : dans la première, nous rechercherons à qui appartient le droit de suite ; dans la seconde, nous étudierons les conditions de son exercice.

SECTION Ire.

A QUI APPARTIENT LE DROIT DE SUITE.

Pour résoudre cette question, il suffit de se rattacher à la grande distinction faite par la loi entre les meubles et les immeubles.

En principe, les immeubles seuls, à l'exclusion des meubles, sont susceptibles du droit de suite. Cette distinction se conçoit facilement. Les immeubles ne se déplacent point, il est toujours facile de reconnaître leur identité et de suivre leurs transmissions successives, ils ont en quelque sorte une généalogie et un état civil dans les divers actes de mutations et dans le cadastre. Les meubles, au contraire, passent de main en main avec la plus grande facilité et sans qu'il reste trace des transmissions, à l'exception toutefois des meubles incorporels, soumis à des règles spéciales, de sorte que le droit de suite serait, la plupart du temps, impraticable. De plus, il offrirait un inconvénient grave, que Loyseau signale en ces termes : « Le commerce serait gravement incommodé, même aboly presque tout-à-fait, parce qu'on ne pourrait pas disposer d'une épingle, d'un grain de bled sans que l'acheteur en pût être évincé par tous les créanciers du vendeur (1). » Enfin il se trouverait entravé par un élément qui n'existe pas en matière immobilière : la prescription instantanée établie au profit du tiers détenteur de bonne foi par l'art. 2279.

C'est, du reste, ce que nous dit l'art. 2119 : « *Les meubles n'ont pas de suite par hypothèque.* » Evidemment, l'expression dont la loi se sert est inexacte, car il

(1) Loyseau, *des Offices*, liv. III, chap. V, n° 23.

semblerait en résulter que les meubles fussent susceptibles d'être grevés d'un droit de préférence. Il n'en est cependant rien ; l'art. 2119 ne fait, en effet, que reproduire l'art. 170 de la coutume de Paris, et, sous l'empire de cette coutume, les meubles ne pouvaient être grevés par hypothèque ni d'un droit de suite, ni d'un droit de préférence. La coutume de Paris elle-même avait emprunté cette formule à la coutume de Normandie, qui admettait l'hypothèque sur les meubles, mais quant au droit de préférence seulement. C'est alors qu'il était vrai de dire : Les meubles n'ont pas de suite par hypothèque.

A cette règle, nous devons signaler une exception établie par l'art. 2102-1° en faveur du bailleur de fonds ruraux et du locateur de maisons ou autres bâtiments. Ils ont le droit de saisir entre les mains du tiers détenteur, les meubles du fermier ou locataire soumis à leur privilége et qui auraient été enlevés de la ferme ou de la maison louée sans leur consentement.

Ces principes étant posés, il nous est facile de répondre à la question qui forme l'intitulé de cette section.

Jouissent du droit de suite :

1° Les créanciers hypothécaires;

2° Les créanciers ayant privilége sur les immeubles.

N'en jouissent pas :

1° Les créanciers chirographaires;

2° Les créanciers n'ayant qu'un privilége mobilier, sauf toutefois le bailleur ou locateur.

A ce que nous venons de dire, se rattache une question vivement controversée et sur laquelle se sont produits bien des systèmes, c'est celle de savoir si le droit qu'on appelle *séparation des patrimoines* emporte droit de suite au profit de ceux qui peuvent l'invoquer.

Voici quelle est l'espèce. Un homme meurt laissant des dettes, mais avec une fortune très-suffisante pour les acquitter, son héritier est insolvable ou on le croit tel; la loi donne aux créanciers du défunt, au moyen de la séparation des patrimoines, le droit de se faire payer sur le patrimoine du défunt à l'exclusion des créanciers de l'héritier. Mais malgré cette séparation, l'héritier est toujours le propriétaire de l'hérédité, s'il aliène un des immeubles qui la composent, les créanciers du défunt pourront-ils aller, en vertu du droit que leur donne l'art. 2111, rechercher ou saisir ces immeubles entre les mains des tiers détenteurs?

Avec la majorité des auteurs, nous refusons ce droit aux créanciers du défunt. La séparation des patrimoines n'a qu'un but, empêcher la confusion du patrimoine du défunt avec celui de l'héritier. Elle remet les choses dans l'état où elles se trouvaient avant le décès. Or, avant le décès, les créanciers du défunt n'avaient sur son patrimoine que le droit de gage général de l'art. 2093, lequel ne confère aucun droit de suite. Le décès ne leur donne aucun droit nouveau, et s'ils veulent des sûretés spéciales, il faut qu'ils recourent aux moyens indiqués par la loi. De plus, l'art. 2111 ne donne aux créanciers du défunt qu'un droit de préférence à l'encontre des créanciers de l'héritier, et pas autre chose. Il qualifie, il est vrai, ce droit de *privilège*, mais cette expression nous semble devoir être prise dans le sens restreint que lui assigne la place même qu'il occupe. Le législateur, en effet, s'occupe seulement du droit de préférence dans la section IV du chapitre des privilèges; il a pu dès lors et il a dû énumérer la séparation des patrimoines et la soumettre à des conditions de publicité, puisque en tant qu'elle s'applique à des immeubles, elle produit des effets que les tiers ont intérêt à connaître. Mais ce n'est pas à dire qu'il y ait là un privilége proprement dit, c'est-à-dire un privilége donnant lieu non seulement au droit de préférence qui lui est propre, mais encore au *droit de suite*, qui est l'une de ses conditions d'efficacité; c'est pourquoi, du reste, la séparation des patrimoines ne figure pas à la section II, dont l'objet précis est le dénombrement des priviléges sur les immeubles.

SECTION II.

CONDITIONS DE L'EXERCICE DU DROIT DE SUITE.

L'exercice du droit de suite, soit en matière immobilière, soit en matière mobilière, dans les cas spéciaux où il est admis, suppose tout d'abord une hypothèque ou un privilége régulièrement acquis. Mais les autres conditions variant suivant qu'il s'agit de meubles ou d'immeubles, nous étudierons séparément les conditions requises en matière mobilière et celles requises en matière immobilière.

ARTICLE 1.

Conditions de l'exercice du droit de suite en matière mobilière.

De ce que nous avons dit tout-à-l'heure, il résulte que nous n'avons à nous occuper ici que du privilége du locateur. Le locateur de maisons ou autres bâtiments a pour sûreté du paiement de ses loyers un privilége sur ce qui garnit la maison louée; le bailleur de fonds ruraux a le même privilége pour garantie de ses fermages, sur ce qui garnit la ferme et sert à son exploitation, et sur les fruits de la récolte de l'année.

En droit Romain, le locateur d'un fonds urbain avait une hypothèque tacite, indépendante de la possession, sur les objets appartenant au preneur et apportés par lui dans la maison louée. Le locateur d'un fonds rural avait également une hypothèque tacite, mais sur les fruits de l'immeuble seulement; s'il voulait avoir une hypothèque sur les meubles, il fallait qu'il le stipulât expressément.

Ces principes avaient été adoptés dans nos provinces de droit écrit; mais sous les coutumes, les meubles n'étant pas, en général au moins, susceptibles d'hypothèque, le droit du locateur s'était transformé en une sorte de droit de gage qui se perdait avec la possession (1). Toutefois, cela n'avait lieu qu'autant que le déplacement avait été fait avec le consentement exprès ou tacite du locateur; autrement, le déplacement frauduleux était regardé comme un *vol de gage*, et dès lors on accordait au créancier la revendication.

Le législateur moderne a maintenu les principes de l'ancien droit coutumier, en accordant un droit de suite au locateur. C'est ce qui résulte de l'art. 2102-1°.

Nous avons dit que la condition générale pour exercer le droit de suite était d'avoir une hypothèque ou un privilége régulièrement acquis; voyons maintenant quelles sont les conditions spéciales au locateur.

La première condition exigée pour que le droit de revendication soit ouvert au bailleur, c'est que les objets aient été déplacés sans son consentement. Il n'est pas nécessaire, pour que ce droit lui soit enlevé, que son consentement soit exprès; il peut n'être que tacite. Par exemple, si le locataire est un marchand, le propriétaire n'a pas le droit de revendiquer les objets vendus faisant partie de son commerce.

(1) Pothier, *Traité du Contrat de louage*, n° 229.

Une telle prétention serait contraire à l'intention présumée des parties; le bailleur savait à quoi il s'exposait en louant sa maison à un marchand. Il n'aurait d'autre droit que de saisir les objets qui se trouvent dans la boutique au moment des poursuites.

Il faut en second lieu que le locateur exerce son droit de suite dans les délais déterminés par la loi. Ce délai devait nécessairement être fort restreint, car il importe que le commerce des meubles ne soit pas trop longtemps entravé : aussi voit-on que la loi le limite à quinze jours, lorsqu'il s'agit des meubles garnissant une maison, et à quarante jours, lorsqu'il s'agit du mobilier qui garnit une ferme. Cette différence s'explique et se justifie par la raison que la surveillance du propriétaire locateur s'exerce moins facilement sur les biens ruraux que sur les biens de ville, et que les déplacements de mobilier y peuvent être plus longtemps ignorés. Mais, dans l'un et l'autre cas, le point de départ du délai se place au jour de l'enlèvement du mobilier de la ferme ou des meubles de la maison, et non, comme le pensent certains auteurs, au jour où le propriétaire locateur aurait été instruit du déplacement. La loi, il est vrai, ne le fixe pas d'une manière explicite, mais la différence des délais fait bien voir que le législateur s'est attaché au jour du détournement; s'il avait admis l'autre opinion, il eût établi un délai uniforme pour l'un et l'autre cas. Il en serait toutefois autrement si le locataire, de concert avec le possesseur actuel, avait pratiqué des manœuvres pour cacher l'enlèvement au locateur; l'action durerait alors trente ans, à partir du jour où le déplacement des meubles aurait été découvert.

La revendication du locateur ne pourra-t-elle pas être repoussée par le tiers détenteur, si les meubles restés dans la maison louée ou dans la ferme répondent largement des loyers et fermages? On décide généralement que le locataire n'étant tenu, sous le rapport de la garantie due au bailleur, que de garnir la maison de meubles suffisants (art. 1752), il s'ensuit qu'il y aurait exagération à permettre au bailleur de s'opposer au déplacement de meubles dont l'enlèvement laisserait encore dans la maison un gage suffisant. Cette décision est toutefois contestée et a été rejetée notamment par deux arrêts : l'un de la Cour de Paris, du 2 octobre 1806; l'autre de la Cour de Poitiers, du 28 janvier 1819. Ces deux Cours ont basé leur décision sur l'art. 2102, qui déclare que *tous* les meubles qui garnissent la maison ou la ferme sont soumis au privilége du propriétaire. Mais c'est, ce nous semble, interpréter la loi d'une manière beaucoup trop rigoureuse; avec ce système, il serait impossible au locataire de déplacer le meuble le plus insignifiant, ce serait le livrer à toutes les vexations que voudrait lui susciter un propriétaire malveillant. La question a, du reste, été résolue dans le sens que nous indiquons, par un arrêt plus récent de la Cour de Rouen en date du 30 juin 1846 (1).

Ajoutons que le locateur sera fondé à opposer son droit de suite, même au tiers acquéreur de bonne foi. C'était l'avis de Pothier sous l'ancienne jurisprudence : « Le locateur, dit-il, peut, dans le temps prescrit, suivre par la voie de la saisie ou par la voie d'action les meubles enlevés de son hôtel ou de sa métairie, même contre un acheteur de bonne foi ou contre un créancier qui les aurait reçus de bonne foi, soit en paiement, soit en nantissement (2). » Et il cite à l'appui Dumoulin, qui dit, en effet, sur l'art. 125 de

(1) Rouen, 30 juin 1846 (Dev., 47, 2, 510).
(2) Pothier, *Contrat de louage*, n° 261.

la coutume du Bourbonnais, que ce droit de suite pouvait être opposé par le locateur *etiam emptoribus bonæ fidei, modo intra breve tempus*. Cette doctrine doit être admise aujourd'hui avec d'autant plus de raison que l'art. 2102, infiniment plus précis que ne l'étaient les textes anciens qui établissaient le droit de suite, indique par la généralité même de ses termes, que le droit qu'il consacre en faveur du locateur existe sans aucune distinction, dès que son gage est amoindri par l'effet d'un déplacement quelconque, soit que ce déplacement procède d'une vente consentie par le locataire, soit qu'il procède de toute autre cause.

Le législateur a sans doute pensé que lors même que le tiers détenteur serait de bonne foi, le locataire ou fermier qui enlève ses meubles ou autres objets soumis au privilége commet une véritable soustraction, et que dès lors on peut dire, jusqu'à un certain point, qu'il y a chose volée dans le sens de l'art. 2279. Seulement, comme le locateur ne saurait être traité plus favorablement que le propriétaire auquel un objet mobilier aurait été volé, il faudra dire que si les meubles détournés ont été vendus à un acheteur de bonne foi dans une foire ou marché, ou par un marchand vendant des choses pareilles, le bailleur ne pourra les revendiquer qu'à la charge de lui rembourser le prix qu'ils ont coûté, par application de l'art. 2280 (1).

A côté du privilége du bailleur, il existe un autre privilége qui a avec lui une très-grande analogie : c'est le privilége conféré par le n° 2 de l'art. 2102 au créancier sur le gage dont il est saisi. Demandons-nous si, comme le bailleur,

(1) Bien qu'étrangère au droit de suite, nous mentionnerons ici, à cause de son importance, la loi du 12-20 février 1872, qui restreint le privilége du bailleur au cas de faillite du locataire.

le créancier gagiste jouit d'un droit de revendication, lorsqu'il est dessaisi du gage.

Aux termes de l'art. 2076, le privilége ne subsiste sur le gage qu'autant que ce gage a été mis et est resté en la possession du créancier ou d'un tiers convenu entre les parties. La dépossession lui fait donc perdre le privilége. Mais évidemment cela n'est vrai que de la dépossession volontaire, parce que celle-là seule implique de la part du créancier gagiste une renonciation à son gage. S'il est dépossédé par suite de perte ou de vol, on ne peut supposer sa renonciation à un droit légitimement acquis; en conséquence, le privilége subsiste et donne au créancier le droit de revendiquer aux mains de tout tiers possesseur le gage qu'il aurait perdu ou qui lui aurait été volé. La loi, il est vrai, ne mentionne pas ce droit de revendication, mais il résulte par analogie de l'art. 2102, n° 1. Si en effet il existe, comme nous l'avons vu, au profit du locateur, c'est-à-dire d'un créancier dont le privilége est fondé sur une constitution *tacite* de gage, à plus forte raison doit-on l'accorder à un autre créancier dont le privilége a son principe et sa cause dans une constitution *expresse* de gage. C'est du reste l'opinion de MM. Persil, Duranton, Valette, Pont et Mourlon (1). Il faut dire même, avec tous ces auteurs, sauf M. Mourlon, que le droit de revendication prenant sa source dans l'art. 2279 du Code civil, l'action sera régie par le droit commun et subsistera, comme celle du propriétaire, pendant trois années, à partir de la perte ou du vol; en quoi ce droit diffère de celui qui a été accordé au locateur, lequel a été renfermé par l'art. 2102 dans le très-bref délai de quinze ou de quarante jours.

(1) Persil (art. 2102, § 2, n° 1); Duranton (t. 19, n° 105); Valette (n° 49); Pont (n° 137); Mourlon (n°s 112 et 144).

Observations. — Il existe aussi, en droit maritime, une exception très-importante au principe du Code, déclarant les immeubles seuls susceptibles du droit de suite. Cette exception résulte de la combinaison des art. 190 et 193 du Code de commerce : le premier a pour but de constituer, au profit de ceux qui sont créanciers du propriétaire d'un navire, le droit de suivre ce gage, même lorsqu'il a passé par une aliénation entre les mains d'un tiers qui n'est point leur débiteur; l'art. 193, au contraire, a pour objet d'indiquer à cet acquéreur les moyens de libérer le bâtiment des diverses créances dont il est grevé du chef de son ancien propriétaire. L'étude difficile de ces articles ne rentrant pas directement dans notre sujet, nous renvoyons au commentaire de M. Dufour, qui a consacré deux volumes à l'explication des titres I et II du second livre du Code de commerce.

Mentionnons également la loi du 10-22 décembre 1874, votée par l'Assemblée nationale, sur la proposition de MM. Savoye, Peulvé, Grivart et Mathieu-Bodet. Cette loi, qui déclare les navires susceptibles d'hypothèque, confère aux créanciers ayant hypothèque inscrite sur un navire ou portion de navire, le droit de le suivre en quelques mains qu'il passe, suivant l'ordre de leurs inscriptions (art. 1 et 8). Constatons toutefois, comme le fait M. Grivart dans son rapport, que « la loi nouvelle n'a point eu à créer le droit de suite, car, en matière maritime, il existe d'une manière générale au profit de tous les créanciers ; elle lui donne la durée et la persistance sans lesquelles la garantie affectée au créancier serait précaire et insuffisante (1). »

(1) Voy. Rapport de M. Grivart, le 21 mars 1874. (*Journal officiel* des 24 et 27 avril, n° 2312.)

ARTICLE 2.

Conditions de l'exercice du droit de suite en matière immobilière.

Le créancier hypothécaire ou privilégié qui veut suivre par voie de poursuite hypothécaire entre les mains de tiers détenteurs les immeubles affectés à sa créance, doit tout d'abord prendre une inscription, sauf toutefois la femme mariée, le mineur et l'interdit, qui en sont dispensés pendant un certain temps limité par la loi du 23 mars 1855. De plus, il doit s'inscrire avant la transcription de l'acte d'aliénation, sauf encore le vendeur et le co-partageant, qui, en vertu d'une disposition spéciale de la même loi, peuvent utilement inscrire les priviléges à eux conférés par les art. 2108 et 2109 du Code civil, dans les quarante-cinq jours de l'acte de vente ou de partage, nonobstant toute transcription d'actes faits dans ce délai.

L'examen de ces règles et des exceptions qu'elles comportent comprendra deux paragraphes :

§ 1. — *Nécessité d'une inscription. — Exception en faveur de la femme mariée, du mineur et de l'interdit. — Modification apportée par la loi du 23 mars 1855 (art. 8 et 9).*

1° *Nécessité d'une inscription.* — L'inscription est le moyen établi par la loi pour réaliser le principe de la publicité des priviléges et hypothèques. Elle consiste dans la déclaration ou description de ces droits sur les registres de la conservation des hypothèques. C'est à son existence qu'est en général subordonnée l'efficacité à l'égard des tiers, des priviléges et des hypothèques sur les immeubles. « Les créanciers ayant privilége ou hypothèque *inscrite* sur un immeuble, dit l'art. 2166, le suivent en quelques mains qu'il passe..., etc. » Un créancier, quoique pourvu d'une hypothèque ou d'un privilége, ne pourrait donc, en l'absence d'une inscription valable, suivre par voie de poursuite hypothécaire les immeubles grevés entre les mains des tiers acquéreurs. En ce qui concerne le débiteur du chef duquel procède l'hypothèque ou le privilége et ses héritiers ou successeurs universels, il en serait autrement; en effet, la formalité de l'inscription a pour but d'avertir le public que tel immeuble est grevé, elle est exigée dans l'intérêt des tiers et non du débiteur.

Ajoutons que c'est par l'inscription et par elle seulement que l'hypothèque peut se révéler utilement aujourd'hui. La connaissance personnelle de son existence, que des tiers auraient obtenue par une voie quelconque, ne saurait y suppléer. Les tiers acquéreurs sont donc admis, sauf toutefois les cas de dol ou de fraude, et sauf encore engagement contraire, à se prévaloir de l'absence de toute inscription, sans qu'on puisse leur opposer la connaissance qu'ils auraient obtenue de l'hypothèque, avant d'avoir traité avec le débiteur.

2° *Exception en faveur de la femme mariée, du mineur et de l'interdit.* — Nous venons de voir qu'en principe, une hypothèque ou un privilége ne donne droit de suite qu'autant que le créancier auquel il appartient a eu le soin de le faire inscrire. Il existe toutefois une exception à ce principe en faveur de la femme mariée, du mineur et de l'interdit; leur hypothèque légale est dispensée d'inscription non seulement en ce qui concerne le droit de préférence, mais encore quant au droit de suite, en ce sens que sous l'un et l'autre rapport, l'efficacité en est indépendante de toute inscription.

Remarquons, toutefois, que les art. 2134 et 2135 ne dispensent directement et formellement les hypothèques dont il s'agit de la formalité de l'inscription qu'en ce qui concerne le droit de préférence; mais il n'est pas douteux que dans la pensée de la loi, la dispense ne s'étende au droit de suite. Cette pensée ressort manifestement des art. 2193 et suivants, dont les dispositions seraient sans objet, si l'hypothèque légale des mineurs, des interdits et des femmes mariées n'était pas, indépendamment de toute inscription, efficace à l'égard des tiers acquéreurs. La même induction se tire de l'art. 834 du Code de procédure. Aussi ce point de doctrine est-il généralement admis.

D'après M. Troplong cependant, l'hypothèque légale de la femme mariée, du mineur ou de l'interdit n'aurait pas besoin, il est vrai, d'inscription pour grever entre les mains d'un tiers détenteur les immeubles sur lesquels elle frappe; mais lorsqu'il s'agirait de mettre cette hypothèque en mouvement, d'exercer contre le tiers détenteur la poursuite hypothécaire, il faudrait au préalable prendre inscription.

« Il est de droit commun, dit-il, que le tiers détenteur puisse arrêter les poursuites en purgeant. Or, si la femme ou le mineur ne prenaient pas inscription, le nouveau propriétaire se trouverait dans le plus grand embarras pour s'exempter par le purgement des poursuites hypothécaires. Car le chapitre IX, qui donne le moyen de purger les hypothèques légales non inscrites, ne se lie pas au cas où des poursuites sont intentées; il suppose que ces hypothèques sont en repos. Que devrait donc faire le tiers détenteur sommé de délaisser? Dans quel délai exposerait-il son contrat, puisque l'art. 2195 n'en prescrit aucun? Quels offres ferait-il, puisque le chapitre IX ne lui en ordonne aucune?

Faudrait-il qu'il renonçât à la faculté si favorable de purger (1)? »

Quoi qu'en dise M. Troplong, cette opinion ne nous paraît pas fondée. Elle repose, en effet, sur une distinction entre l'hypothèque qui reste à l'état inerte et celle qu'on entend mettre en mouvement au moyen de l'action hypothécaire ; or, cette distinction, dont il ne se rencontre pas la moindre trace dans la loi, répugne à la nature et à l'objet du droit hypothécaire qui, comme tout autre droit, est destiné non point à sommeiller, mais à se réaliser par les voies légales. En outre, le droit de suite existant, pour les hypothèques dont il s'agit, indépendamment de toute inscription, on ne voit pas pourquoi le créancier serait obligé, quand il veut l'exercer, de prendre au préalable une inscription qui ne serait d'ailleurs d'aucune utilité réelle pour le tiers détenteur. Rien ne l'empêche, en effet, sur les premières poursuites dirigées contre lui, de suivre la procédure indiquée par les art. 2193 à 2195. Il peut même, ce qui est encore plus simple, suivre la procédure établie pour la purge des hypothèques inscrites par les art. 2183 et 2184, en ayant soin de faire au créancier poursuivant, dont les nom, profession et domicile lui sont forcément connus par la poursuite même, les notifications et offres prescrites par ces deux articles.

C'est en ce sens qu'ont été rendus deux arrêts assez récents : l'un de la Cour d'Agen, en date du 25 mars 1857 ; l'autre de la Cour de Toulouse, en date du 12 juin 1860 (2).

(1) Voy. M. Troplong, chap. VI, *des Hypothèques*, n° 778 (quater).—Dans le même sens : Nancy, 28 juillet 1853, Sir., 53, 2, 574 ; Bourges, 11 juin 1855, Sir., 59, 1, 398.

(2) Agen, 25 mars 1857 ; Sir., 57, 2, 432. — Toulouse, 12 juin 1860 ; Sir., 60, 2, 545.

Ajoutons qu'il n'y a pas lieu de distinguer, pour l'application de notre principe, entre les différentes créances que peuvent avoir contre le mari ou le tuteur, la femme, le mineur ou l'interdit. Toutes ces créances sont, en effet, garanties par l'hypothèque légale, dont le caractère ne varie pas avec les créances qu'elle garantit. C'est ce qui a été décidé spécialement pour l'hypothèque de la femme, la seule qui pût présenter quelque difficulté, par un arrêt de la Cour de Riom, du 20 février 1819. La dispense ne s'appliquerait point toutefois à l'hypothèque constituée, même dans le contrat de mariage, par un tiers, par le père du futur par exemple, pour sûreté de la dot. C'est ce qui résulte d'un arrêt de la Cour de cassation du 23 août 1837 (1).

3° *Modifications apportées par la loi du 23 mars 1855 (art. 8 et 9).*— La dispense d'inscription établie au profit de la femme mariée, du mineur et de l'interdit, est facile à justifier. D'une part, en effet, ces personnes se trouvent placées dans un état de dépendance ou d'incapacité qui ne leur permet pas de prendre inscription elles-mêmes; d'autre part, la personne chargée de veiller à leurs intérêts étant précisément celle dont les biens sont grevés de l'hypothèque, on comprend que la plupart du temps l'inscription n'aurait pas été prise. Le Code a donc agi sagement en dispensant ces hypothèques de la nécessité d'une inscription.

Seulement, il avait dépassé le but en ne restreignant pas la faveur de la dispense d'inscription à ces personnes elles-mêmes et à la durée de leur incapacité légale. La dispense profitait non seulement aux femmes mariées, aux mineurs ou aux interdits eux-mêmes, mais encore à leurs héritiers

(1) Civ., Cass., 23 août 1837; Sir., 37, 1, 873.

ou ayants cause, et en particulier aux créanciers subrogés à l'hypothèque légale. Elle subsistait avec tous ses effets, même après la cessation de la tutelle ou la dissolution du mariage, et n'avait d'autre terme que la durée même des hypothèques auxquelles elle était attachée. C'était excessif : quand il s'agit d'un créancier subrogé à l'hypothèque légale de la femme, comme ce créancier n'est nullement sous la dépendance du mari, on ne comprend pas la dispense d'inscription à son profit; de même, quand la femme est devenue veuve, quand le mineur a atteint sa majorité ou que l'interdiction a été levée, l'état de dépendance ou d'incapacité n'existant plus, la protection spéciale de la loi doit évidemment cesser avec lui.

Cette limitation que demandaient les principes et que le Code avait oubliée, a été accomplie par la loi du 23 mars 1855.

Aux termes de l'art. 8 de cette loi : « Si la veuve, le mineur devenu majeur, l'interdit relevé de l'interdiction, leurs héritiers ou ayants cause n'ont pas pris inscription dans l'année qui suit la dissolution du mariage ou la cessation de la tutelle, leur hypothèque ne date, à l'égard des tiers, que du jour des inscriptions prises ultérieurement. »

D'un autre côté et aux termes de l'art. 9 : « Dans le cas où les femmes peuvent céder leur hypothèque légale ou y renoncer, cette cession ou cette renonciation doit être faite par acte authentique, et les cessionnaires n'en sont saisis à l'égard des tiers que par l'inscription de cette hypothèque prise à leur profit ou par la mention de la subrogation en marge de l'inscription préexistante. »

L'inscription de l'hypothèque légale des femmes mariées, des mineurs ou interdits, peut même devenir nécessaire pour la conservation du droit de suite, soit pendant la durée du mariage ou de la tutelle, soit avant l'expiration de l'année qui a suivi la dissolution du mariage ou la cessation de la tutelle. Il en est ainsi dans le cas où à la suite de l'aliénation volontaire des immeubles du mari ou du tuteur, le tiers acquéreur remplit les formalités spéciales prescrites par les art. 2193 et 2194, comme aussi lorsque ces immeubles sont ou frappés de poursuites en expropriation forcée, ou soumis à l'expropriation pour cause d'utilité publique. Au premier cas, l'inscription doit être prise avant l'expiration du délai de deux mois fixé par l'art. 2195; en cas de saisie immobilière, elle doit l'être avant la transcription du jugement d'adjudication, et en cas d'expropriation pour cause d'utilité publique, avant l'expiration de la quinzaine de la transcription du jugement d'expropriation.

§ 2. — *Délai dans lequel l'inscription doit être prise. — Exception en faveur du vendeur et du copartageant.*

Dans le premier paragraphe, nous avons posé comme principe que le droit de suite ne peut être exercé qu'à la condition de prendre inscription, sauf exception, au profit de la femme, du mineur ou de l'interdit, pendant toute la durée du mariage ou de la tutelle et un an après leur cessation. Dans ce second paragraphe, nous allons établir que pour exercer le droit de suite, il ne suffit pas de prendre inscription, mais qu'il faut encore la prendre en temps utile, c'est-à-dire depuis la loi du 23 mars 1855, avant la transcription de l'acte d'aliénation, sauf le vendeur et le copartageant, qui jouissent d'un délai de faveur, en vertu d'une disposition de la même loi :

1° *Délai dans lequel l'inscription doit être prise.* — Sur ce point, la législation a subi de nombreuses variations que nous allons rapidement faire connaître.

D'après la loi du 11 brumaire an VII, le droit de suite ne pouvait être conservé que par une inscription prise avant la transcription de l'acte d'aliénation. Système simple et logique, car le débiteur n'était dépouillé de la propriété, vis-à-vis des tiers, que par la transcription de l'acte d'aliénation. On ne distinguait pas entre les hypothèques et les priviléges, ni entre les diverses hypothèques. Même les hypothèques légales de la femme mariée, du mineur et de l'interdit étaient soumises à cette règle. Ainsi, sous l'empire de cette loi, les priviléges et les hypothèques, bien que non inscrits, survivent à l'aliénation de l'immeuble grevé; ils ne s'éteignent que par l'effet de la transcription qui seule arrête le cours des inscriptions. Le droit de suite appartient donc aux créanciers inscrits soit avant, soit après l'aliénation, mais avant la transcription.

Sous l'empire du Code civil, il faut distinguer entre les aliénations à titre gratuit et les aliénations à titre onéreux.

Pour les aliénations à titre gratuit, le système de la loi de brumaire est maintenu : tant que la donation n'a pas été transcrite, les créanciers du donateur peuvent inscrire leur privilége ou hypothèque au point de vue du droit de suite.

Quant aux aliénations à titre onéreux, le Code a abandonné la théorie de la loi du 11 brumaire an VII, d'après laquelle la propriété n'était transférée à l'égard des tiers que par la transcription, de sorte que jusqu'à ce moment les créanciers pouvaient toujours s'inscrire. Maintenant, au contraire, la propriété est transférée *solo consensu* à l'égard de tous et sans qu'il soit besoin de formalité extérieure; il en résulte qu'au moment même du contrat, le tiers acquéreur peut opposer son droit de propriété aux créanciers de son auteur, et que ceux-ci ne peuvent plus valablement s'inscrire sur un immeuble qui a cessé de faire partie de leur gage.

Ainsi, sous le Code, l'aliénation de l'immeuble affecté entraîne par elle-même, dès qu'elle existe et indépendamment de sa transcription, l'extinction des priviléges et hypothèques, qui, au moment où elle a eu lieu, n'étaient pas encore inscrits. Le droit de suite n'appartient donc qu'aux créanciers dont l'inscription a précédé l'aliénation. C'est ce que l'art. 2166 exprime en ces termes : « Les créanciers ayant privilége ou hypothèque inscrite sur un immeuble, le suivent en quelques mains qu'il passe. » Il y a cependant exception au profit des hypothèques légales des femmes mariées sur les biens de leurs maris, des mineurs et interdits sur les biens de leurs tuteurs. Ces personnes peuvent inscrire leurs hypothèques après l'aliénation, même après la transcription. Elles ont un délai de deux mois à partir de l'accomplissement de certaines formalités imposées à l'acquéreur par l'art. 2194.

Le système du Code était essentiellement protecteur pour le tiers acquéreur, cela est évident; mais il est évident aussi qu'il était gravement compromettant pour le créancier hypothécaire.

En effet, d'après ce système, au moment où le créancier prête sur hypothèque, il est dans l'impossibilité la plus absolue de s'assurer si celui avec qui il traite est réellement propriétaire de l'immeuble qu'il hypothèque. Celui-ci peut avoir déjà aliéné cet immeuble, soit par un acte sous seing privé enregistré, soit par un acte notarié. Or, sans parler de l'impossibilité de compulser les minutes de tous les notaires et les registres de tous les receveurs d'enregistrement, il y aurait encore cet obstacle que ces minutes et ces registres ne sont point publics.

En outre, et même en supposant qu'au moment de la constitution d'hypothèque le constituant soit réellement propriétaire, il peut encore, s'il est de mauvaise foi, anéantir les hypothèques qu'il a consenties, en aliénant l'immeuble hypothéqué avant que le créancier ait eu le temps nécessaire pour faire son inscription.

Ces deux inconvénients étaient graves, aussi chercha-t-on bientôt à y remédier.

Un premier pas fut fait dans cette voie par le Code de procédure. D'après l'art. 834, l'aliénation n'entraîne plus l'extinction des hypothèques ou des priviléges non inscrits. Les créanciers conservent encore le droit de s'inscrire après l'aliénation, jusqu'à la transcription du contrat fait à la requête de l'acquéreur et dans les quinze jours qui suivent cette transcription. Remarquons toutefois que ce bénéfice n'est accordé qu'au créancier à qui une hypothèque a été conférée antérieurement à l'aliénation. Si la constitution d'hypothèque était postérieure à l'aliénation, l'acquéreur serait préféré, lors même qu'il n'aurait pas transcrit, pourvu bien entendu que son contrat d'acquisition ait une date certaine. Comme on le voit, le Code de procédure n'apporte aucun changement au principe général du Code civil; sous son empire, comme sous celui du Code civil, aucun privilége ou hypothèque ne peut être acquis du chef de l'aliénateur à partir de l'aliénation. Il n'établit qu'une faveur particulière pour une classe de créanciers, et même pour ces créanciers favorisés, il ne fait disparaître que le second des deux inconvénients signalés tout à l'heure.

Ce vice, qui résultait du système du Code, fut-il la véritable raison du changement introduit par le Code de procédure ? Nous ne le pensons pas. Cette raison a sans doute un peu préoccupé les rédacteurs des art. 834 et 835 du Code de procédure; mais ce n'est pas la raison unique, la raison principale, car si l'on eût voulu simplement éviter la fraude que le débiteur pouvait commettre, il n'était pas nécessaire d'accorder aux créanciers un délai de quinzaine à partir de la transcription du titre, comme le fait l'art. 834; il suffisait de leur accorder un délai de quinze jours à partir de la constitution d'hypothèque. Pour nous, le véritable motif est un motif fiscal : c'est sur les instances de la régie que fut édicté l'art. 834. Privée des énormes revenus qu'elle percevait sous la loi de brumaire an VII, pour la transcription des actes translatifs de propriété, elle chercha un moyen de rendre la transcription nécessaire sous le Code civil, afin de raviver cette source de produits qui venait de s'épuiser. Ce moyen, elle le trouva dans l'intérêt que le tiers détenteur aurait à faire transcrire son titre d'acquisition, pour faire courir le délai de quinzaine après lequel les créanciers hypothécaires ne pourraient plus prendre d'inscription. Il paraît que ce moyen n'eut qu'un médiocre succès, car une loi du 28 avril 1816 alla jusqu'à obliger l'acquéreur à payer des droits de transcription, alors même qu'il ne ferait pas transcrire.

L'art. 834 ne se réfère qu'aux hypothèques conventionnelles ou judiciaires, car il ne renvoie qu'aux art. 2123, 2127 et 2128, et ne rappelle pas l'art. 2121, où il est question des hypothèques légales. Les hypothèques des femmes mariées, des mineurs et interdits continuent donc d'être dispensées d'inscription, et les tiers détenteurs qui veulent purger doivent remplir les formalités de l'art. 2194. Quant aux autres hypothèques légales, on ne voit pas pourquoi elles auraient été moins favorisées que les hypothèques conventionnelles et judiciaires; nous pensons donc, bien que la loi soit muette à cet égard, qu'il fallait leur appliquer l'art. 834 du Code de procédure : *Ubi eadem ratio, ibi idem jus.*

Ajoutons que la modification introduite par l'art. 834 du Code de procédure, relative seulement au cas d'aliénation volontaire, laissa subsister, quant à l'expropriation forcée par suite de saisie immobilière, le principe posé par le Code civil, de telle sorte qu'aucune inscription ne pouvait être utilement prise sur l'immeuble saisi, postérieurement au jugement d'adjudication. Cela résulte clairement de la rubrique du titre sous lequel se trouve placé cet article : *De la surenchère sur aliénation volontaire.*

Cette modification fut toutefois étendue au cas d'expropriation pour cause d'utilité publique, par l'art. 17 de la loi du 7 juillet 1833, qui admit les créanciers hypothécaires à s'inscrire sur l'immeuble exproprié, dans la quinzaine de la transcription du jugement d'expropriation. Il y a mieux, l'art. 16 de la même loi rendit, en ce qui concerne les jugements d'expropriation, la transcription obligatoire, de facultative qu'elle était pour les actes d'aliénation volontaire. Les dispositions de la loi du 7 juillet 1833 ont été reproduites par les art. 16 et 17 de la loi du 3 mai 1841.

Nous avons déjà fait remarquer que l'art. 834 du Code de procédure n'avait fait disparaître qu'un des inconvénients résultant du système du Code civil. Sous son empire, celui qui voulait traiter avec un tiers, soit pour un prêt, soit pour une acquisition, était toujours, comme sous le Code civil, dans l'impossibilité de savoir d'une manière certaine si l'individu qui offrait de vendre ou d'hypothéquer un immeuble en était bien le véritable propriétaire. Pour parer à ce dernier inconvénient, il n'y avait qu'un moyen : revenir au système de la loi de brumaire an VII et déclarer que la translation de propriété ne pourrait être opposée aux tiers qu'autant que ceux-ci auraient été mis à même de la connaître; c'est ce qu'a fait la loi du 23 mars 1855.

Nous n'avons pas ici à étudier cette loi dans son ensemble; nous ne ferons qu'en tirer ce qui nous sera nécessaire pour répondre à la question que nous nous sommes posée : quand peut-on dire qu'une inscription est prise en temps utile?

Le principe fondamental de la loi de 1855, c'est que la propriété n'est transmise à l'égard des tiers que par la transcription de l'acte d'aliénation. Le consentement seul suffit pour transférer la propriété *inter partes;* mais vis-à-vis des tiers, tant qu'il n'y a pas eu transcription, l'immeuble est resté *in dominio debitoris.* Par conséquent, jusqu'à la transcription, un créancier hypothécaire, qui est un tiers, peut parfaitement s'inscrire, et son inscription aura été prise en temps utile.

Les art. 834 et 835 du Code de procédure, on le sait, n'étaient relatifs qu'aux aliénations volontaires, ce qui constituait une différence entre les ventes volontaires, auxquelles ils s'appliquaient, et les ventes forcées, qui étaient régies par le Code. L'art. 6 de la loi du 23 mars 1855, qui prononce leur abrogation, embrasse dans une même règle les deux hypothèses et décide que dans tous les cas et de quelque manière que l'aliénation ait été faite, un créancier hypothécaire pourra prendre inscription jusqu'à la transcription de l'acte d'aliénation.

Il est toutefois étranger à l'expropriation pour cause d'utilité publique, qui reste régie par les dispositions spéciales des art. 16 et 17 de la loi du 3 mai 1841, auxquelles la loi générale du 23 mars 1855 n'a nullement dérogé.

En abrogeant d'une façon absolue les art. 834 et 835 du Code de procédure, la loi du 23 mars 1855 eut une conséquence peut-être regrettable. Ces articles, nous l'avons vu, s'appliquaient à toutes les aliénations volontaires, même aux mutations à cause de mort, comme les legs. Le légataire, pour affranchir sa propriété, faisait transcrire son titre, et les inscriptions qui se produisaient dans la quinzaine étaient valablement prises. Aujourd'hui, il n'en est plus ainsi; les art. 834 et 835 étant abrogés, on se trouve forcément placé sous l'empire du Code civil, d'après lequel l'aliénation purge naturellement les hypothèques non inscrites, car la loi de 1855 ne concerne que les aliénations par actes entre-vifs. Peut-être eût-il mieux valu à cet égard maintenir le système du Code de procédure. La mort, en effet, qui ouvre le droit du légataire et met fin à la faculté de s'inscrire, est un événement soudain et inopiné; un délai pour le créancier qui n'a pas pris inscription serait donc à désirer et se justifierait peut-être mieux que dans tous autres cas.

Observation. — L'efficacité des inscriptions prises avant l'expiration des termes indiqués ci-dessus est, en général, indépendante des circonstances dans lesquelles elles ont été prises. Cependant, les art. 448 du Code de commerce et 2146 du Code civil apportent quelques modifications à cette règle, quant aux inscriptions portant sur les biens d'un failli et sur les immeubles dépendant d'une succession acceptée sous bénéfice d'inventaire ou déclarée vacante. Mais comme, d'un côté, la faillite ne forme aucun obstacle ni aux inscriptions à requérir sur les immeubles acquis par le failli, qui a négligé de faire transcrire son titre, ni à celles à prendre pour les dettes personnelles au failli, sur les immeubles qui ont passé dans les mains d'un tiers détenteur, et que, d'un autre côté, l'acceptation bénéficiaire ne forme, pas plus que la faillite, obstacle aux inscriptions à prendre sur les immeubles dont le défunt était tiers détenteur, ni à celles à requérir pour les dettes à lui personnelles, sur des immeubles qu'il avait aliénés, nous nous bornons à mentionner ces articles sans entrer dans de plus amples détails.

2° *Exception en faveur du vendeur et du copartageant.*

Après avoir posé en principe la déchéance des créanciers qui ne se sont pas inscrits avant la transcription, l'art. 6 de la loi du 23 mars 1855 fait une exception pour certains créanciers privilégiés : « Néanmoins, dit-il, le vendeur et le copartageant peuvent utilement inscrire les priviléges à eux conférés par les art. 2108 et 2109 du Code Napoléon, dans les quarante-cinq jours de l'acte de vente ou de partage, nonobstant toute transcription d'actes faits dans ce délai. » C'est un point important sur lequel nous devons donner quelques explications.

a — *Privilége du vendeur.* — D'après le projet de loi élaboré par le Conseil d'État, le vendeur était soumis au droit commun ; on exigeait de lui, comme de tout autre créancier hypothécaire ou privilégié, une inscription prise avant toute transcription faite par un sous-acquéreur, et cela non seulement pour son privilége, mais encore pour son action résolutoire. La Commission du Corps législatif pensa que cette rigueur était excessive, et qu'au lieu d'arriver au véritable résultat de la loi, qui était de donner des effets plus rapides aux transactions sur la propriété, on compromettait le droit de propriété lui-même.

En effet, un créancier prêteur peut bien se mettre en garde contre une transcription qui interviendrait subitement avant qu'il se fût inscrit ; il lui est facile de stipuler que l'emprunteur ne recevra l'argent qu'après la délivrance du certificat constatant que l'inscription a été prise en temps utile. Mais le vendeur n'a pas la même ressource ; pour qu'il s'inscrive, il faut que la vente soit conclue, et par suite, que la propriété soit transférée entre les parties. Ce serait une clause inusitée que celle qui retiendrait la propriété sur la tête du vendeur jusqu'à ce que son privilége ait été dûment publié.

Or, entre le contrat de vente et la publication des droits du vendeur, une revente peut être consentie par l'acquéreur et une transcription effectuée par les sous-acquéreurs ; le vendeur court donc un grand danger. C'est pour ce motif que sur la demande de la commission, et après d'assez longs débats entre elle et le Conseil d'État, on convint d'accorder au vendeur, pour publier son privilége, quarante-cinq jours à partir de la vente qu'il aurait consentie. Si le vendeur laisse passer les quarante-cinq jours sans inscrire son privilége, il perd le bénéfice de la loi et rentre dans le droit commun. En conséquence, si une transcription intervient avant son inscription, il perdra son droit de suite contre le tiers acquéreur ; ajoutons qu'il en sera de même de son droit de préférence et de son action résolutoire.

Inutile de dire qu'il n'est rien changé à l'art. 2108 du Code civil, d'après lequel la transcription de la vente qui donne naissance au privilége vaut inscription au profit du vendeur non payé. Par conséquent, le vendeur n'a pas à s'inquiéter d'une inscription à prendre, lorsque le contrat par lequel il a vendu a été transcrit. Il ne faut pas oublier non plus que dans ce cas le conservateur est tenu de prendre inscription d'office. Les tiers sont donc suffisamment avertis, et si le vendeur faisait quelque chose de plus, ce ne serait qu'un double emploi (1).

Ainsi l'art. 6 de la loi du 23 mars 1855 n'a d'utilité que

(1) *Voy.* MM. Aubry et Rau, t. III, § 278.

dans l'hypothèse où un premier acheteur s'abstient de publier son acquisition et revend presque aussitôt à un second acheteur, lequel fait transcrire son contrat.

b — *Privilége du copartageant.* — Nous pouvons, au point de vue du droit de suite, appliquer au privilége du copartageant ce que nous avons dit relativement au privilége du vendeur ; si nous en traitons séparément, c'est parce qu'ici la distinction entre le droit de suite et le droit de préférence est plus délicate et doit être mieux précisée.

De la combinaison de l'art. 2109 du Code civil avec l'art. 6 de la loi du 23 mars 1855, il résulte :

1° Que dans les quarante-cinq jours de la date du partage, le cohéritier, pourvu qu'il prenne inscription dans ce délai, conserve son droit soit contre des créanciers hypothécaires qui prendraient inscription, soit contre des tiers acquéreurs qui transcriraient. En d'autres termes, la loi met à l'abri de toute atteinte, pendant ces quarante-cinq jours, soit son droit de suite, soit son droit de préférence;

2° Que dans l'intervalle qui s'écoule du quarante-cinquième au soixantième jour, le copartageant n'est plus protégé contre un tiers acquéreur qui viendrait transcrire avant son inscription; mais que, pourvu qu'il prenne inscription le soixantième jour, il conservera son privilége vis-à-vis même des créanciers hypothécaires qui se seraient inscrits avant lui. En d'autres termes, il est encore privilégié quant au droit de préférence; mais, quant au droit de suite, il est rentré dans le droit commun ;

3° Qu'après les soixante jours, le copartageant est complétement rentré dans le droit commun, tant au point de vue du droit de préférence qu'au point de vue du droit de suite.

CHAPITRE II.

Contre qui s'exerce le droit de suite.

Tant que l'immeuble grevé reste intact en la possession du débiteur, on dit que le droit de suite sommeille ; cela est vrai. Pour qu'il y ait lieu de l'exercer, il faut que l'immeuble sorte des mains du débiteur et passe aux mains d'un tiers détenteur. Mais peut-on exercer ce droit toutes les fois que l'immeuble a quitté les mains du débiteur ? En d'autres termes, tout tiers détenteur est-il soumis au droit de suite ? C'est ce que nous allons examiner en distinguant suivant que l'aliénation résulte d'un acte volontaire du propriétaire, d'une saisie, ou d'une expropriation pour cause d'utilité publique.

§ 1. — *De l'aliénation volontaire.*

Lorsque l'immeuble est sorti du patrimoine du débiteur par suite d'une aliénation volontaire, le droit de suite existe dans toute sa plénitude. Peu importe que le titre en vertu duquel le tiers détenteur est mis en possession soit à titre gratuit ou à titre onéreux, l'intérêt qu'a le créancier d'user du droit de suite est le même. Peu importe aussi que l'aliénation consentie par le débiteur soit totale ou partielle, car grâce à l'indivisibilité du droit hypothécaire, tant que le créancier n'a pas reçu son paiement intégral, l'hypothèque ou le privilége subsiste entier sur tout l'immeuble et sur chaque partie, de telle sorte que pas une fraction ne peut en être distraite, sans que l'hypothèque ou le privilége suive cette fraction et y demeure attaché pour le tout.

On sait que l'hypothèque peut être assise non seulement sur les immeubles qui sont tels par leur nature, mais encore sur les immeubles fictifs, c'est-à-dire sur les meubles devenus immeubles par leur destination, comme les animaux attachés à la culture d'un fonds, les ustensiles aratoires. Supposons que l'aliénation porte sur ces objets, ils échappent évidemment au droit de suite, car dès qu'ils sont détachés du fonds, ils recouvrent leur nature primitive de biens meubles, et il est de règle dans notre droit que les meubles n'ont pas de suite par hypothèque (art. 2119).

On peut supposer encore que l'aliénation porte sur les fruits de l'immeuble grevé. Quoique atteints par l'hypothèque ou par le privilége, avec les fonds auxquels ils adhèrent, les fruits échappent également au droit de suite, par la perception ou par la vente qu'en fait le propriétaire régulièrement et sans fraude. Les créanciers hypothécaires n'ont pas à s'en plaindre, car ils savent, quand ils traitent avec leur débiteur, que celui-ci, en hypothéquant son immeuble, n'abdique pas ses pouvoirs d'administrateur, et que s'ils acquièrent un droit réel sur l'immeuble, ce droit laisse néanmoins au débiteur la possession de sa chose, et avec cette possession la faculté qui n'en doit pas être séparée, de gérer et d'administrer.

Cette règle toutefois comporte plusieurs tempéraments. On comprend, en effet, que si l'aliénation a pour objet ce genre de produits qui constituent pour ainsi dire une portion intégrante de l'immeuble, comme les futaies non aménagées, la vente ne peut plus être considérée comme un de ces actes d'administration qui par l'effet d'une fiction mobilisent les fruits ; c'est une anticipation dont les créanciers auraient à se plaindre, et leur intérêt commande que du moins pour cette sorte de produits, l'hypothèque grevant le fonds les atteigne eux-mêmes et que la vente qui en a été faite ne puisse pas leur être opposée. La Cour de cassation avait paru se prononcer en sens contraire, par un arrêt du 9 août 1825 ; mais un arrêt ultérieur de la même Cour, en date du 10 juin 1841, a fait une application plus saine des principes, en considérant de tels bois, *tant qu'ils ne sont pas coupés*, comme restant affectés aux créanciers hypothécaires, nonobstant la vente (1).

Il en sera de même, si les choses ne sont pas entières, quand l'aliénation est consentie par le propriétaire ; par exemple, si l'immeuble à ce moment se trouve frappé de saisie. La saisie, en effet, a sur les fruits une vertu d'immobilisation, sinon au moment où elle est faite, du moins à partir d'une époque nettement déterminée par la loi. Avant les modifications introduites dans le Code de procédure par la loi du 2 juin 1841, c'était à dater de la dénonciation au saisi ; depuis cette loi, c'est à partir de la transcription de la saisie. L'art. 682 modifié dit, en effet : « Les fruits naturels et industriels recueillis postérieurement à la transcription, ou le prix qui en proviendra, seront immobilisés pour être distribués avec le prix de l'immeuble, par ordre d'hypothèque. »

Ce que nous avons dit, en principe, des fruits naturels et industriels, il faut le dire aussi des fruits civils. L'existence d'une hypothèque sur un immeuble, ne saurait faire obstacle à ce que le propriétaire perçoive les prix de location ou les fermages de cet immeuble, qu'il aurait loué ou affermé. Mais ne l'empêche-t-elle pas au moins de disposer par anticipation des fermages ou des loyers non échus, soit en

(1) *Voy.* Req., 10 juin 1841 (S.-V., 41, 1, 481); Limoges, 8 décembre 1852 (S.-V., 52, 2, 687). — *Junge :* MM. Demolombe (t. IX, nos 188 et suiv.) ; Aubry et Rau (t. II, p. 10, note 27 et p. 847).

les transportant à des tiers, soit en les appliquant à son profit particulier? En d'autres termes, les quittances ou les cessions de loyers ou de fermages non échus, sont-elles opposables aux créanciers hypothécaires inscrits sur l'immeuble loué ou affermé? Si ces actes ont été passés ou transcrits antérieurement aux inscriptions des hypothèques, les créanciers hypothécaires qui les ont connus en temps utile doivent les subir sans aucune restriction. S'ils n'ont été transcrits qu'après l'inscription des hypothèques, ils ne peuvent être opposés aux créanciers que pour une somme équivalente à trois années de loyers ou de fermages non échus. C'est ce qui résulte de l'art. 2 de la loi du 23 mars 1855.

Que faut-il décider au cas de cession de fruits par antichrèse?

Si l'antichrèse a été transcrite (loi du 23 mars 1855) avant l'inscription prise par le créancier poursuivant, celui-ci ne peut forcer le créancier antichrésiste à déguerpir qu'à la charge de le désintéresser. Si, au contraire, l'antichrésiste n'a pas transcrit, ou s'il ne l'a fait que postérieurement aux inscriptions prises par les créanciers, il sera soumis, sans aucun dédommagement, à l'action hypothécaire, et obligé de déguerpir, sauf s'il a lui-même quelque privilége ou hypothèque, à le faire valoir dans l'ordre qui s'ouvrira sur les prix d'adjudication. L'antichrèse, du reste, n'empêche pas l'immobilisation des fruits, qui s'opère par la transcription de la saisie immobilière, au profit des créanciers hypothécaires dont les hypothèques sont devenues efficaces antérieurement à l'établissement de l'antichrèse.

Supposons maintenant que l'aliénation porte sur des démembrements de la propriété.

Si l'usufruitier qui a hypothéqué son droit d'usufruit

vient à le vendre, ou si le plein propriétaire d'un immeuble hypothéqué en aliène l'usufruit, les créanciers pourront suivre ce droit entre les mains de l'acheteur, car l'usufruit est une portion de la chose qui, par elle-même, est susceptible d'hypothèque, et qui en étant affectée, alors qu'elle est jointe au principal, en demeure frappée lors même qu'elle s'en sépare pour passer en d'autres mains. On doit en dire autant de l'aliénation qui serait faite d'un droit de superficie sur la chose hypothéquée.

Mais qu'arrive-t-il, si le débiteur confère sur l'immeuble soit un droit d'usage ou d'habitation, soit une servitude réelle? Dans ce cas, le créancier ne peut pas saisir et faire vendre aux enchères ce qui a été aliéné par le débiteur, car les droits d'usage, d'habitation ou de servitude réelle ne sont pas susceptibles d'expropriation forcée. Comment donc le créancier procédera-t-il? On a présenté à cet égard trois systèmes :

Certains auteurs prétendent que les créanciers peuvent faire ordonner l'estimation des droits, afin de constater le préjudice qui leur est causé par son établissement, et contraindre le tiers acquéreur à leur payer le montant de cette estimation.

Dans un autre système, on considère ces droits comme valablement établis et ne pouvant être attaqués par les créanciers hypothécaires. On fait ici l'application de l'art. 1188, qui déclare que le débiteur est déchu du bénéfice du terme, lorsque, par son fait, il a diminué les sûretés de ses créanciers, et de l'art. 2131, qui permet aux créanciers de demander un supplément d'hypothèque, lorsque les immeubles hypothéqués sont devenus insuffisants pour la garantie de leurs créances.

Pour nous, nous pensons, avec MM. Aubry et Rau, que

la constitution des droits d'usage, d'habitation ou de servitude doit être considérée comme non avenue à l'égard des créanciers hypothécaires, et qu'ils peuvent saisir l'immeuble en toute propriété, sans tenir compte des droits réels consentis par le débiteur (1). Ce système est fondé sur l'art. 2091 qui décide que l'antichrèse ne peut nuire aux créanciers déjà inscrits. On généralise ce principe et l'on dit : Le débiteur ne peut par des actes postérieurs diminuer la garantie des créanciers hypothécaires ; tous les droits réels qu'il consent sur l'immeuble sont à leur égard *res inter alias acta*. L'aliénation d'un démembrement de propriété par le débiteur postérieurement à l'hypothèque, doit donc être considérée comme non avenue, toutes les fois que le droit aliéné n'est pas susceptible d'être saisi et vendu aux enchères.

Que décider relativement aux baux consentis par le débiteur ? Il est certain qu'en principe, le locataire ou le fermier dont le droit n'est ni immobilier, ni réel, ne sera pas atteint par le droit de suite. Mais dans quelle mesure les créanciers hypothécaires sont-ils tenus de les subir ?

Aux termes de l'art. 684 du Code de procédure, les baux passés par le propriétaire de l'immeuble saisi peuvent être annulés, à la demande des créanciers ou de l'adjudicataire, lorsqu'ils n'ont pas acquis date certaine avant le commandement qui a servi de base à la poursuite. Au cas contraire, de pareils baux seraient opposables aux créanciers ; peu importe qu'ils fussent postérieurs ou antérieurs aux inscriptions prises par ces derniers, si d'ailleurs ils n'excédaient pas le terme de dix-huit ans (2). Quant aux baux de plus

(1) *Voy.* MM. Aubry et Rau, t. III, § 250, p. 72.

(2) *Voy.* MM. Troplong, *de la Transcription* (n° 202) ; Rivière et Huguet, *Questions sur la transcription* (n° 231) ; Pont (n° 369). — *Junge :* Req. rej. 8 avril 1863 (Sir., 63, 1, 872).

longue durée, même s'ils ont acquis date certaine avant le commandement, ils ne peuvent être opposés aux créanciers hypothécaires que s'ils ont été passés et transcrits avant les inscriptions hypothécaires. S'ils ont été passés avant et transcrits après, ou passés et transcrits après les inscriptions hypothécaires, les créanciers ne sont tenus de les subir que pour le restant de la période de dix-huit ans, dans laquelle se trouve le preneur à la date du commandement. C'est ce qui résulte de l'art. 2 de la loi du 23 mars 1855.

Les mêmes règles doivent-elles être appliquées au cas d'emphytéose? Oui si, avec M. Pont, on considère l'emphytéote comme un simple fermier ou locataire, investi seulement d'un droit personnel. Mais il est à peu près admis aujourd'hui, soit en doctrine, soit en jurisprudence, que l'emphytéose confère un véritable droit réel (1).

Aux aliénations volontaires, il faut assimiler certaines ventes qui, bien que faites en justice, n'ont d'autres effets que ceux des aliénations volontaires. Telles sont les aliénations de biens appartenant soit à une succession indivise, bénéficiaire ou vacante, soit à des mineurs ou à des interdits, soit à une femme dotale.

§ 2. — *De l'aliénation sur saisie.*

L'aliénation sur saisie ne donne pas lieu au droit de suite; elle opère la purge des hypothèques soumises à l'inscription. Cela a été admis de tout temps, et la raison en est évidente; c'est qu'après l'accomplissement des formalités solennelles dont de pareilles ventes sont entourées, et qui toutes ont pour objet de faire monter l'adjudication au plus haut prix

(1) *Voy.* MM. Persil (art. 2118, n° 15); Troplong (n° 405); Marcadé (t. II, p. 852). — *Voy.* aussi Cour de cass., 26 avr. 1853, 26 janv. 1864 (S.-V., 53, 1, 415; 64, 1, 91).

possible, il y a lieu de croire que le prix obtenu est la représentation de la valeur réelle de l'immeuble, et que l'accomplissement des formalités de la purge n'aurait d'autre résultat que d'ajouter aux frais. Cela n'exclut pas toutefois la possibilité pour les créanciers qui ne sont pas inscrits au moment de l'expropriation, de prendre inscription jusqu'à la transcription du jugement d'adjudication, car, d'après la loi du 23 mars 1855, la transcription seule arrête le cours des inscriptions. Mais s'il ne survient pas d'inscriptions nouvelles, l'expropriation purge par elle-même aujourd'hui, comme avant la loi, les hypothèques inscrites, et l'adjudicataire n'a pas à recourir aux formalités de la purge.

Quant aux hypothèques légales dispensées d'inscriptions et non inscrites, la question a été longtemps des plus controversées. On avait d'abord soutenu, et la Cour de cassation elle-même avait jugé qu'il en était, à cet égard, des hypothèques légales dispensées d'inscription et non inscrites, comme des hypothèques soumises à l'inscription, et que l'expropriation forcée, ayant pour effet de purger par elle-même ces dernières hypothèques, devait avoir également pour effet de purger les premières. Toutefois, cette jurisprudence avait été abandonnée par la Cour de cassation, et dès l'année 1833, à la suite d'un arrêt rendu en audience solennelle, elle décidait invariablement que l'expropriation forcée ne purgeait pas par elle-même l'hypothèque légale non inscrite de la femme ou du mineur, et que l'adjudicataire, comme l'acquéreur par suite de vente volontaire, était tenu de remplir les formalités et conditions prescrites par les art. 2193 à 2195 (1). C'est que, à la différence des créanciers inscrits, les créanciers à hypothèque occulte, les

(1) *Voy.* aud. sol., 22 juin 1833 (Dall., 33, 1, 234).

femmes, les mineurs et les interdits n'étaient point, sous l'empire du Code de procédure, liés à la saisie; aucune sommation ne leur était adressée à cet effet. On en concluait qu'à leur égard l'adjudication ne pouvait point constituer un acte définitif, puisqu'ils n'y avaient point pris part, et qu'ainsi elle laissait subsister dans toute sa plénitude leur hypothèque sur l'immeuble adjugé.

La loi du 21 mai 1858, sur les ordres, a coupé-court à toute difficulté sur ce point. Aujourd'hui, les femmes, les mineurs et les interdits, quoique non inscrits, sont liés à la saisie comme et avec les créanciers inscrits. Ils y sont en effet appelés par la voie de la presse, et en outre par un exploit d'huissier, si le saisissant, d'après son titre, connaît leurs droits (art. 696 et 692, C. pr.). Il n'existe plus dès lors aucune raison de distinguer entre les hypothèques occultes et les hypothèques inscrites. C'est la consécration de cet ancien principe : « *Décret forcé nettoie toutes les hypothèques.* » (Art. 717, C. pr.)

Quant à l'adjudication sur saisie convertie en aliénation volontaire, il faut distinguer si la conversion a eu lieu avant ou après les sommations prescrites par l'art. 692 et l'avertissement spécial ordonné par l'art. 696. Au premier cas, l'adjudication prend tous les caractères d'une aliénation volontaire, et elle en a les effets. Au second, elle a les effets de l'expropriation forcée, puisque de même que dans la saisie, les créanciers à qui l'immeuble est affecté hypothécairement, ont été, par les sommations qu'ils ont reçues et par l'avertissement spécial qui leur a été donné par la voie de la presse, associés à la poursuite, et par conséquent mis en demeure de pourvoir, dans leur intérêt, à la chaleur des enchères.

A l'adjudication sur saisie ordinaire, il faut assimiler l'adjudication sur délaissement.

§ 3. — *De l'expropriation pour cause d'utilité publique.*

Le droit de suite est également éteint par l'expropriation de l'immeuble hypothéqué pour cause d'utilité publique. Il est facile de comprendre qu'une expropriation de cette nature ne peut pas être entravée par les créanciers hypothécaires. Leur droit est converti en un droit de préférence sur l'indemnité d'expropriation, qui est substituée à l'immeuble et en représente le prix. C'est ce qui résulte des termes de l'art. 17 de la loi du 3 mai 1841.

CHAPITRE III.

Effets du droit de suite.

L'art. 2166 nous dit que les créanciers ayant privilége ou hypothèque inscrite sur un immeuble le suivent en quelques mains qu'il passe, *pour être colloqués et payés suivant l'ordre de leurs créances ou inscriptions.* Il nous montre clairement par là, que le droit de suite tend à la réalisation du gage, par l'expropriation à la suite de laquelle s'ouvrira l'ordre, où les créanciers inscrits se feront colloquer. L'expropriation, voilà donc le but final, l'objet unique du droit de suite.

Cependant le crédit et la propriété demandaient qu'une règle si rigide fléchît dans certaines circonstances. C'est pourquoi le législateur a créé divers tempéraments qui en atténuent les rigueurs. Il a accordé au tiers détenteur le choix entre divers partis qui sauvegardent tout à la fois ses intérêts et ceux des créanciers. Ajoutons que même dans le cas où le tiers détenteur ne veut prendre aucun des partis qui lui sont offerts par la loi, l'expropriation n'est pas encore nécessairement inévitable; il peut, selon les circonstances, l'écarter provisoirement ou définitivement, en opposant certaines exceptions à l'action du créancier, notamment l'exception de discussion.

Nous étudierons donc successivement les différents partis que peut prendre le tiers détenteur, et les exceptions qu'il peut opposer à l'action du créancier poursuivant.

SECTION I.

Différents partis que peut prendre le tiers détenteur.

Tout tiers détenteur qui acquiert la propriété totale ou partielle d'immeubles affectés hypothécairement, a deux partis à prendre, entre lesquels il est absolument libre de choisir : il peut, en remplissant les formalités de la purge, libérer les immeubles ou les portions d'immeubles par lui acquis, des priviléges et des hypothèques qui les grèvent, ou à défaut, subir les poursuites des créanciers dont le gage hypothécaire est en tout ou en partie entre ses mains.

Le cadre restreint de ce travail ne comportant pas l'étude de la purge, nous renvoyons aux chapitres VIII et IX du titre des priviléges et hypothèques et aux dispositions spéciales du Code de procédure. Quant au tiers détenteur qui ne purge pas, la loi lui offre deux autres moyens d'éviter l'expropriation. Il peut éteindre les priviléges et hypothèques en payant la totalité de la dette hypothécaire, et par ce moyen conserver l'immeuble sans en pouvoir être évincé du chef des créanciers, ou délaisser l'immeuble aux créanciers de qui émane la poursuite, et par là se trouver à l'instant même libéré. S'il ne prend aucun de ces partis, chaque créancier, dont la créance est exigible, a le droit de faire vendre sur lui l'immeuble hypothéqué ou grevé de privilége.

Nous étudierons d'abord les règles spéciales aux différents partis que peut prendre le tiers détenteur, puis les règles qui leur sont communes.

Article 1.

Règles spéciales aux différents partis que peut prendre le tiers détenteur.

Avant d'entrer dans les détails de cette matière, nous signalerons une expression inexacte ou au moins équivoque que contient l'art. 2167. Il dit que le tiers détenteur qui ne remplit pas les formalités de la purge, est obligé à toutes les dettes hypothécaires, sauf les termes et délais accordés au débiteur *originaire*. Il donne à supposer qu'il y aurait dans la situation deux débiteurs successifs et tenus personnellement : le premier en vertu de l'engagement direct pris par lui envers le créancier; le second, qui serait le tiers détenteur, parce qu'il détient la chose hypothéquée. C'est une erreur; il n'y a ici qu'un seul débiteur personnel, c'est le débiteur direct que l'art. 2169 qualifie improprement de débiteur *originaire*. Quant au tiers détenteur, il n'est tenu, au point de vue du paiement, d'aucune obligation personnelle, et s'il paie, c'est par l'effet unique de sa volonté, pour éviter l'expropriation qui est la seule conclusion possible de l'action hypothécaire vis-à-vis d'un tiers acquéreur.

Beaucoup d'auteurs, entre autres MM. Delvincourt, Duranton, Troplong, ont reproché à l'art. 2168 d'avoir mis avant l'obligation prétendue de délaisser celle de payer, et de n'avoir pas compris qu'il fallait consacrer, en faveur du créancier, le droit de demander au tiers détenteur non pas le paiement de la dette, qui n'est pour celui-ci qu'une faculté, mais le délaissement de la chose, qui serait principalement son obligation (1). Nous n'estimons pas que cette critique soit fondée ; pour nous, le délaissement de la chose n'est, pas plus que le paiement de la dette, *in obligatione* du tiers détenteur; l'un et l'autre sont *in facultate*.

Ces observations faites, voyons quelle est, vis-à-vis des créanciers privilégiés et hypothécaires, la position du tiers détenteur, soit qu'il paie la dette hypothécaire, soit qu'il délaisse l'immeuble grevé, soit enfin qu'il subisse l'expropriation forcée.

§ 1. — *Du paiement.*

Supposons d'abord que pour prévenir ou arrêter l'expropriation forcée, le tiers détenteur opte pour le paiement de la dette hypothécaire, ses devoirs et ses droits nous sont indiqués par les art. 2167 et 2168.

1° *Ses devoirs.* — Les art. 2167 et 2168 obligent le tiers détenteur qui veut conserver l'immeuble à acquitter la totalité de la dette hypothécaire, en ce sens qu'il doit capital, dépens, frais et intérêts, et généralement tous accessoires quelconques qui ont rang d'hypothèque sur l'immeuble dès avant l'aliénation. Si l'art. 2168 ne parle que des intérêts et capitaux et passe sous silence dépens et frais, il faut le compléter par l'art. 2167 qui pose nettement la règle en disant : Le tiers détenteur doit payer toutes les dettes hypothécaires (2).

(1) *Voy.* MM. Delvincourt (t. III, p. 179, n° 7); Duranton (t. XX, n° 233); Troplong (n°s 782 et 783).

(2) Toulouse, 4 février 1829 (S.-V., 29, 2, 106; Dalloz, 29, 2, 243).

Peu importe, au reste, qu'il ne possède qu'une légère fraction de la chose hypothéquée ; l'hypothèque est indivisible, elle conserve toute la créance dans chaque parcelle de l'immeuble hypothéqué.

Peu importe aussi que la somme due soit plus considérable que la valeur de l'objet détenu par le tiers possesseur. S'il ne veut que payer cette valeur, il peut purger et affranchir ainsi l'immeuble par le paiement de son prix d'achat. Du moment qu'il opte pour le paiement, le paiement doit être intégral. Le créancier ne peut être contraint de recevoir son paiement par portions.

Le tiers détenteur est-il obligé de payer tous les intérêts sans réserve, ou doit-il seulement ceux qui, dans les termes de l'art. 2151, sont conservés par l'inscription?

MM. Persil, Grenier et Zachariæ sont d'avis que la nécessité de conserver les intérêts par l'inscription n'existe qu'entre créanciers, et c'est ce que paraît avoir jugé un arrêt de la Cour de Bruxelles, du 4 août 1806.

Pour nous, nous pensons avec MM. Troplong, Dalloz, Pont, Aubry et Rau, que cette opinion ne saurait être admise, et que par suite, l'art. 2151 peut être invoqué même par le tiers détenteur. Il est constant, en effet, que la publicité est la base de notre système hypothécaire, et que cette publicité est requise aussi bien pour le droit de suite que pour le droit de préférence. Elle est même exigée plus sévèrement pour le droit de suite, car pour l'exercer, toute espèce d'hypothèque a besoin d'être inscrite. Donc les intérêts non inscrits, comme les hypothèques non inscrites, sont à l'égard du tiers détenteur comme s'ils n'existaient pas. Il n'aura à payer, avec le principal des créances exigibles, que les intérêts de deux années et ceux de l'année courante, à moins que le créancier n'ait eu le soin de conserver le surplus par des inscriptions successives et spéciales, conformément à l'art. 2151. C'est en ce sens qu'a été rendu un arrêt de la Cour de Bordeaux, du 28 février 1850 (1).

2° *Ses droits.* — Nous avons parlé des devoirs du tiers détenteur qui paie; parlons un peu de ses droits.

D'après l'art. 2169, il jouit des termes et délais accordés au débiteur originaire. Mais n'en jouit-il qu'autant que celui-ci continue d'en jouir? En d'autres termes, l'état de faillite dans lequel est tombé le débiteur et qui le prive du bénéfice du terme d'après l'art. 1188, opère-t-il aussi le même effet contre le détenteur?

Nous le pensons. Le changement de propriétaire ne peut, en effet, modifier la nature et le caractère de la créance et de la dette, ni les conditions dans lesquelles elles ont été contractées. M. Delvincourt n'en faisait même pas la matière d'une question. « Si, disait-il, le débiteur vient à déchoir du bénéfice du terme, *puta*, s'il tombe en faillite, la dette devient exigible aussi à l'égard du détenteur. »

Par contre, le créancier qui ne perd aucune de ses prérogatives par l'effet de la mutation ne doit pas non plus trouver dans la mutation un motif d'améliorer sa position. Donc, si la non exigibilité de la créance provient, non pas d'un terme stipulé dans le contrat fait avec le débiteur, mais de ce qu'un délai de grâce aurait été accordé à celui-ci, en vertu des art. 1244 du Code civil et 122 du Code de procédure, le tiers détenteur sera fondé à invoquer le bénéfice de ce délai.

(1) *Voy.* Troplong (n° 788); Dalloz (*Priv. et Hyp.*, p. 402, n° 26); Pont (n° 1132); Aubry et Rau (t. II, p. 856, note 11). — Bordeaux, 28 février 1850 (Dalloz, 52, 2, 90).

§ 2. — *Du délaissement.*

Si l'acquéreur, qui n'a point rempli les formalités de la purge, ne croit pas devoir payer le montant des charges hypothécaires et à raison desquelles il est poursuivi, il peut encore éviter l'expropriation en faisant le délaissement de l'immeuble grevé.

Le délaissement, c'est l'abandon que fait le tiers détenteur aux créanciers inscrits de l'immeuble hypothéqué.

Il n'enlève pas au tiers détenteur la propriété de l'immeuble qu'il délaisse. C'était déjà la théorie de l'ancien droit. « Pour ce qui est de l'effet principal, dit Loyseau (1), à savoir de l'aliénation qui peut résulter du délaissement, il faut prendre garde que celui qui délaisse l'héritage pour les hypothèques ne quitte pas absolument la propriété; mais seulement il en quitte la simple détention et occupation. » C'est l'un des points par lesquels le délaissement se distinguait du déguerpissement qui, ayant pour objet de se dégager de la rente ou de la redevance foncière, assise sur le fonds, consistait dans l'abandon de la propriété. L'art. 2173 de notre Code consacre virtuellement le même principe, puisque jusqu'à l'adjudication il autorise le tiers détenteur qui a délaissé à reprendre l'immeuble, pourvu qu'il paie la dette et les frais.

L'abandon au reste, doit être complet, et selon l'expression de l'art. 2168, fait *sans aucune réserve*. Le délaissement n'a pour effet de libérer le tiers détenteur qu'à cette seule condition, car le privilége et l'hypothèque, indivisibles de leur nature, subsistent en entier et avec tous leurs effets sur chacune des parties des immeubles affectés.

(1) *Voy.* Loyseau, *du Déguerpiss.*, liv. 6, chap. 3, n° 1.

Si toutefois il arrive que le tiers détenteur, au moment de l'exercice de l'action hypothécaire, ait aliéné une partie de l'immeuble hypothéqué, il est encore dans les conditions de la loi en délaissant sans réserve les portions qu'il détient. C'est ce qu'a décidé la Cour d'Orléans dans un arrêt du 28 mai 1851 ; et en cela, elle n'a fait grief en aucune manière aux créanciers qui, en définitive, restaient avec leur droit de suite, en vertu duquel ils pouvaient agir contre le sous-acquéreur de la même manière qu'ils avaient agi contre l'acquéreur (1).

Nous rechercherons successivement :

1° Quelles sont les conditions du délaissement ;

2° Dans quel délai et suivant quelle forme il peut être fait ;

3° Quels en sont les effets spéciaux.

I. — Conditions du délaissement.

« Le délaissement par hypothèque, nous dit l'art. 2172, peut être fait par tous les tiers détenteurs qui ne sont pas personnellement obligés à la dette et qui ont la capacité d'aliéner. »

1° *Il ne faut pas être personnellement obligé à la dette.* — La faculté de délaisser étant une conséquence du principe qu'on peut se soustraire à l'accomplissement d'une obligation, toutes les fois qu'on n'en est tenu qu'à l'occasion d'une chose dont on est possesseur, il suit que celui-là ne peut pas délaisser qui à sa qualité de tiers détenteur joint celle *d'obligé personnel*. Quel profit retirerait-il, en effet, du délaissement ? Aucun, puisqu'en sa qualité d'obligé personnel il pourrait être poursuivi sur tous ses biens, y compris l'immeuble qu'il délaisserait.

(1) *Voy.* Orléans, 28 mai 1851 (Dall., 52, 2, 135).

Ce principe posé, voyons dans quel cas un détenteur est obligé personnellement.

Les mutations universelles ou à titre universel emportent toujours avec elles l'obligation personnelle de payer les dettes. Ainsi il est certain, en principe, que l'héritier du débiteur direct est personnellement obligé comme son auteur lui-même, et que par cela seul le délaissement lui est interdit.

Mais si le débiteur avait plusieurs héritiers, celui dans le lot duquel est tombé l'immeuble hypothéqué, n'étant tenu de la dette que dans la proportion de sa part héréditaire, il s'ensuit que s'il paie cette part, il éteint son obligation personnelle, en sorte que n'étant plus tenu pour le surplus que comme détenteur et à raison de sa détention même, il est dans les conditions qui permettent au tiers détenteur de se soustraire aux poursuites en délaissant.

Ce que nous venons de dire de l'héritier, il faut le dire également de ceux qui succèdent comme institués par le débiteur direct. Ainsi le légataire universel ou à titre universel, le donataire des biens présents et à venir ne pourront se libérer par le délaissement que dans les termes où l'héritier naturel pourrait le faire lui-même.

Quant aux détenteurs à titre particulier, comme l'acheteur, le coéchangiste, le donataire, le légataire particulier, ne succédant pas aux obligations de leurs auteurs, il est certain qu'ils peuvent délaisser.

Ne pourraient pas le faire, au contraire, le débiteur solidaire devenu acquéreur de l'immeuble grevé d'hypothèque par son codébiteur, la caution devenue propriétaire de l'immeuble affecté par le débiteur principal à la sûreté du contrat dont elle avait garanti l'exécution.

Pour le cautionnement, il ne s'agit évidemment que de celui qui engendre une obligation personnelle. Si nous étions en présence de ce que l'on pourrait appeler un cautionnement *réel*, comme serait, par exemple, la constitution d'hypothèque faite par un tiers qui, sans s'engager personnellement, aurait affecté un de ses immeubles à la sûreté de la dette d'autrui, ce tiers pourrait délaisser, car il ne serait tenu que *propter rem*.

Supposons que le tiers détenteur se soit engagé à purger l'immeuble grevé, pourra-t-il délaisser? Non; autrement il violerait la loi du contrat. Il y a, en effet, dans cette stipulation, sinon une obligation personnelle proprement dite, tout au moins une obligation incompatible avec le tempérament établi par la loi.

Quid si l'acquéreur s'est obligé, par le contrat d'acquisition, à payer son prix entre les mains des créanciers inscrits? Il est déchu d'une manière absolue et ne peut plus délaisser (1). Des auteurs, entre autres M. Delvincourt, ont pourtant prétendu que cette déchéance devait être écartée, lorsque les créanciers inscrits n'étaient pas intervenus à l'acte ou n'avaient pas accepté ultérieurement la clause dont il s'agit, parce qu'alors il y avait simple indication de paiement et non délégation parfaite. Mais cette distinction n'est pas admissible, car les créanciers pourront toujours au moins exercer les droits de leur débiteur, et, en vertu de l'art. 1166, exiger au nom de ce dernier l'exécution de la convention. Cette opinion, conforme à ce qu'enseignait Loyseau, a du reste été consacrée par deux arrêts de la Cour de cassation du 21 mai 1807 et du 1er juillet 1850 (2).

Remarquons toutefois, dit M. Troplong, que les créan-

(1) *Voy.* Req., 11 mai 1863 (Dall., 64, 1, 191); Metz, 17 juillet 1867 (Dall., 67, 1, 151).

(2) *Voy.* Req., 21 mai 1807 et 1er juillet 1850 (Dall., 50, 1, 177. — *Voy.* aussi Aubry et Rau (t. II, p. 879 et 880).

ciers devront se garder de conclure au délaissement toutes les fois qu'ils intentent l'action personnelle, car le détenteur serait en droit de les prendre au mot. Ils doivent se renfermer dans les conclusions de l'acte qu'ils exercent au nom du débiteur et ne doivent pas y mêler les conclusions de l'acte hypothécaire.

Du reste, le délaissement ne peut jamais devenir pour l'acquéreur un moyen de rompre unilatéralement le contrat de vente et de se dégager ainsi de l'obligation de payer son prix lorsqu'il n'a pas de motifs légitimes pour recourir à cet expédient, c'est-à-dire lorsque le montant des charges hypothécaires est inférieur au prix d'acquisition, et que le paiement ne lui en est demandé que sous les conditions et dans les termes stipulés par son contrat.

Ainsi, si le prix est supérieur au montant des créances inscrites, même en l'absence de toute clause par laquelle l'acquéreur se serait engagé à payer son prix aux créanciers hypothécaires, ceux-ci peuvent, en exerçant les droits et actions de leur débiteur, le contraindre au paiement de ce prix, sans qu'il soit admis à s'y soustraire en offrant de délaisser (1). De même le vendeur, bien que les créanciers aient agi par voie hypothécaire en sommant le tiers détenteur de payer ou de délaisser, pourra s'opposer au délaissement qui ne serait ni nécessaire, ni légitime, puisque l'exécution pure et simple du contrat de vente, en donnant pleine satisfaction aux créanciers hypothécaires, procurerait du même coup, à l'acquéreur, l'entière libération de l'immeuble.

Si le prix est inférieur au montant des créances inscrites, il faut distinguer pour savoir s'il y aura lieu au délaissement.

(1) *Sic* : Req. rej., 12 février 1867 (Sir., 67, 1, 111).

Et d'abord, le vendeur a-t-il le droit, dans ce cas, de s'opposer au délaissement? Sans doute, il peut y avoir intérêt, car l'expropriation poursuivie sur un curateur entraîne des lenteurs, des frais et un discrédit du bien mis en vente ; mais seul, nous pensons qu'il ne peut s'y opposer, car les créanciers sont toujours libres de poursuivre l'expropriation et il ne pourra les arrêter qu'en les désintéressant. Que si, au contraire, les créanciers acceptent le prix comme suffisant et par conséquent refusent le délaissement, il pourra se joindre à eux et faire maintenir le contrat. Le tiers détenteur conservera alors l'immeuble et sera dans la position, non point d'un tiers détenteur subrogé jusqu'à concurrence de ce qu'il a payé et exposé encore aux poursuites hypothécaires, mais bien d'un tiers détenteur qui aura affranchi complétement l'immeuble.

A la question de savoir s'il y a ou non obligation personnelle de la part du tiers détenteur, et par conséquent, impossibilité de délaisser, se rattache la première partie de l'art. 2173 : « Le délaissement peut être fait, même après que le tiers détenteur a reconnu l'obligation ou subi condamnation en cette qualité de tiers détenteur. »

La première hypothèse prévue par ce texte est celle où le créancier ne pouvant poursuivre, parce que la créance est à terme ou conditionnelle, il lui importe d'éviter que le tiers détenteur ne prescrive la libération de l'hypothèque, assise à son profit sur l'immeuble détenu par ce dernier. Il assigne alors le tiers détenteur, non pas en paiement, mais en reconnaissance d'hypothèque. Cette reconnaissance faite par le tiers détenteur, soit volontairement, soit judiciairement, n'entraînera aucune obligation personnelle, et partant aucune déchéance.

Supposons maintenant qu'il s'élève un débat sur la validité de la constitution d'hypothèque et que le tiers détenteur demande la radiation. S'il succombe, il subit, en sa qualité de tiers détenteur, une condamnation qui laisse entière la faculté de délaisser.

Au reste, lorsqu'il intervient entre le tiers détenteur et le créancier poursuivant des débats judiciaires, et dans toutes autres espèces, on doit toujours dans le doute présumer que l'acquéreur n'a voulu s'obliger que comme tiers détenteur; car l'obligation personnelle est une aggravation qui ne doit pas être facilement admise, il faut qu'elle soit prouvée.

2° *Il faut avoir la capacité d'aliéner.* — La seconde condition constitutive de la faculté de délaisser, c'est la capacité d'aliéner. Le délaissement, il est vrai, n'est pas un acte d'aliénation, mais il y conduit directement, puisqu'il aboutit à l'expropriation du tiers détenteur. C'est ce qui explique la disposition de la loi sur ce point.

En conséquence, le mineur et l'interdit, détenteurs de biens hypothéqués, ne peuvent en faire le délaissement, puisqu'ils sont frappés d'une incapacité absolue de disposer et d'aliéner. Mais s'ensuit-il qu'il ne pourra jamais être fait, pas même par leur tuteur ?

M. Grenier seul s'est prononcé pour l'affirmative, en prétendant qu'il n'y a pas lieu au délaissement toutes les fois qu'il n'y a pas dans le tiers détenteur capacité d'aliéner. Cette opinion repose évidemment sur une fausse entente de la loi, car au moyen de formalités déterminées, le tuteur peut aliéner au nom de son pupille.

Les autres auteurs admettent bien le délaissement, mais ils se divisent sur le point de savoir quelles sont les formalités exigées pour l'effectuer. Pour nous, nous pensons que le tuteur a besoin, pour le faire, d'être autorisé par une délibération du conseil de famille *dûment homologuée par le tribunal*, puisqu'un autre immeuble du mineur ne pourrait être aliéné qu'en observant ces formalités (art. 457 et 458) (1).

Si le tiers détenteur est un prodigue muni d'un conseil judiciaire ou un mineur émancipé, le délaissement ne peut être fait par eux qu'autant qu'ils sont assistés, le premier de son conseil judiciaire, le second de son curateur autorisé par une délibération du conseil de famille, dûment homologuée par le tribunal.

Si c'est une femme mariée, il faut le consentement du mari ou à son défaut celui de justice, et s'il s'agit d'un immeuble dotal, il faut remplir les formalités prescrites par l'art. 1558 du Code civil. Mais un mari n'a pas besoin du concours de sa femme pour faire le délaissement d'un conquêt de communauté, puisque d'après l'art. 1421, il administre seul les biens de la communauté, peut les vendre, *aliéner* et hypothéquer sans le concours de la femme.

Le délaissement peut être fait par les syndics définitifs. A la vérité, ils ne peuvent procéder à la vente des immeubles de la faillite que suivant certaines formes déterminées (C. com., 572) ; mais, comme le dit fort bien M. Troplong, cela ne tient qu'aux solennités de la vente, quant à la capacité d'aliéner, elle est entière. Nous pensons toutefois qu'ils ont besoin, pour opérer ce délaissement, de s'y faire autoriser par le juge commissaire. C'est une conséquence de la disposition de l'art. 572 précité, aux termes duquel il ne peut être procédé par les syndics à la vente des immeubles de la faillite, que *sous l'autorisation* de ce magistrat.

Aux syndics définitifs nous assimilerons les envoyés en possession définitive des biens d'un absent (132, C. civ.), qui

(1) *Voy.* Aubry et Rau (t. II, p. 881). — *Contra :* M. Pont (n° 1172).

ont une jouissance complète des biens de l'absent. Quant aux envoyés en possession provisoire, ils devront subir l'expropriation, l'art. 128 du Code civil leur défendant d'aliéner.

De même, le curateur à une succession vacante ne peut délaisser, car c'est un véritable administrateur. En outre, comme le fait remarquer M. Flandin, c'est un mandataire choisi par la justice pour représenter la succession, et il se doit à toutes les obligations que lui impose ce mandat. A quoi servirait qu'il fît le délaissement, puisqu'il faudrait, sur la pétition du plus diligent des intéressés, créer à l'immeuble délaissé un curateur, sur lequel la vente de l'immeuble serait poursuivie?

Dans l'ancien droit, on agita beaucoup la question de savoir si l'héritier bénéficiaire pouvait délaisser. Les auteurs étaient divisés : Chopin et Lebrun soutenaient la négative, se fondant sur ce que l'héritier bénéficiaire devait être assimilé à un curateur à succession vacante, et partant ne pouvait aliéner (1). Loyseau et Pothier, au contraire, se déclaraient pour l'affirmative, disant que cet héritier était propriétaire et qu'il pouvait aliéner.

Chez nous, la question ne peut faire de doute, car il remplit les deux conditions exigées par l'art. 2173, pour pouvoir délaisser. D'une part, en effet, il n'est pas personnellement obligé à la dette, puisque l'effet du bénéfice d'inventaire, aux termes de l'art. 802 du Code civil, donne précisément à l'héritier l'avantage « de n'être tenu des dettes de la succession que jusqu'à concurrence de la valeur des biens qu'il a recueillis, même de pouvoir se décharger du paiement des dettes en abandonnant tous les biens de la

(1) *Voy.* : Chopin, *Cout. de Paris* (Liv. II, t. V, nos 22 et 23) ; Lebrun, *Success.* (Liv. III, chap. IV, no 68). — *Contra* : Loyseau (Liv. IV, ch. VI, no 16) ; Pothier (*Orl.*, t. XIX, no 81).

succession aux créanciers et aux légataires. » D'autre part, il a la capacité d'aliéner (art. 806, Code civil). On objecte en vain qu'il n'a cette capacité que sous la condition de vendre avec des formalités solennelles, car cela ne tient qu'à la forme et ne touche pas à la capacité. Si l'on a cru devoir introduire des formes de vente plus solennelles, c'est pour donner une garantie aux créanciers de la succession. Mais la preuve que s'il vend sans formalités, les ventes sont valables et ne peuvent être attaquées, c'est que l'art. 988 du Code de procédure se borne, pour toute peine, à le déclarer héritier pur et simple.

Quels peuvent être les résultats d'un délaissement fait par un incapable ? Si le tribunal s'aperçoit de ce vice, il doit refuser de donner acte du délaissement ; s'il ne s'en aperçoit pas, il sera nommé un curateur sur qui on fera les poursuites, mais alors le détenteur pourra lui-même s'y opposer et demander la nullité du délaissement. Le créancier hypothécaire en sera pour les frais avancés, et devra recommencer une nouvelle saisie sur le tiers détenteur lui-même.

3° *Il n'est pas nécessaire que l'acquéreur ait payé le prix à son vendeur.* — Aux deux conditions requises par le Code pour pouvoir délaisser, quelques auteurs ont voulu en ajouter une troisième. M. Delvincourt, entre autres, a soutenu que l'acquéreur d'un immeuble ne devait être reçu à délaisser qu'autant qu'il avait déjà payé le prix à son vendeur ; car, dit-il, la loi n'a point voulu que l'acquéreur pût seul résoudre un contrat synallagmatique, elle n'a fait que protéger le tiers détenteur contre un paiement double.

Cette opinion, qui, du reste, ne compte plus de partisans, est évidemment erronée, car l'art. 2172 accorde d'une façon absolue la faculté de délaisser à celui qui n'est pas personnellement obligé à la dette et a la capacité d'aliéner, sans distinguer s'il a ou non payé le prix au vendeur.

II. — Dans quel délai et suivant quelles formes le délaissement hypothécaire doit-il être fait?

1° *Dans quel délai le délaissement doit être fait.* — L'intention où peut être le créancier d'exercer l'action hypothécaire se manifeste par la sommation faite au tiers détenteur de payer ou de délaisser. Celui-ci n'a que trente jours pour faire son choix (art. 2169).

Mais ce délai est-il de rigueur ou simplement comminatoire? Nous pensons qu'il est comminatoire. L'art. 2169, en effet, sur lequel on voudrait se fonder pour prétendre que le délaissement doit intervenir dans les trente jours de la sommation, ne dit rien de semblable; il ne s'occupe que de déterminer l'époque à partir de laquelle le créancier hypothécaire peut poursuivre la vente de l'immeuble. Mais il ne dit point que, passé cette époque, le tiers détenteur ne sera pas admis à délaisser; ce qui eût été indispensable cependant, pour lui enlever cette faculté. — L'art. 2173 nous en donne une nouvelle preuve. Il permet en effet le délaissement, même après que le tiers détenteur a reconnu l'obligation ou subi condamnation en cette qualité seulement. Or, il peut arriver que le jugement qui condamne le tiers détenteur ne soit rendu qu'après l'expiration des trente jours à partir de la sommation, et dans ce cas, il faut bien reconnaître que le délai de trente jours n'est pas fatal ou que l'art. 2173 ne présente aucun sens raisonnable.

Mais supposons que la procédure de saisie immobilière soit entamée contre le tiers détenteur, faudra-t-il dire alors que le délaissement ne peut plus avoir lieu?

Des auteurs, en assez grand nombre, se prononcent pour l'affirmative, parce qu'en prenant le rôle de défendeur à la saisie, disent-ils, le tiers détenteur a tacitement promis de rester en cause, et parce qu'il a eu assez de temps pour délaisser, puisque la saisie ne peut être faite, d'après l'art. 2169, que trente jours après la sommation de payer ou de délaisser.

La solution contraire, croyons-nous, est incontestablement préférable, pour les motifs que nous avons déjà énoncés. C'est ainsi que la Cour d'Angers, par un arrêt du 14 juillet 1855, a décidé que le tiers détenteur peut faire le délaissement, même après saisie de l'immeuble opérée contre lui par un créancier hypothécaire du vendeur (1). Elle va même plus loin et déclare que le tiers détenteur pourra délaisser jusqu'au moment de l'adjudication. Nous rejetons cette dernière solution, car s'il est vrai que la loi ne fixe aucun délai pour le délaissement, on ne doit pas en conclure que le tiers détenteur pourra attendre le moment de l'adjudication pour faire sa déclaration de délaissement, et forcer ainsi de tout suspendre, pour faire procéder à la nomination d'un curateur, au grand détriment de tous les intéressés. « Les délais de la procédure en expropriation, dit fort bien M. Duranton, étant de rigueur, il deviendrait extrêmement difficile, pour ne pas dire impossible, dans beaucoup de cas, de concilier cette rigueur avec le retard qu'entraînerait le changement de la personne du défendeur sur l'expropriation. »

Le délaissement peut donc avoir lieu après qu'une procédure en saisie immobilière a été commencée, mais à une condition, croyons-nous, c'est que la procédure d'expropriation ne soit qu'à son début. C'est dans ce sens qu'il

(1) Angers, 14 juillet 1855 (Sir., 55, 2. 629).

faut entendre deux arrêts de la Cour de Paris des 10 janvier 1851 et 17 février 1853, lesquels ont décidé que le jugement de conversion de la saisie immobilière en vente volontaire, même lorsqu'il a été rendu contradictoirement avec le tiers détenteur, ne fait pas perdre à ce dernier la faculté de délaisser (1). Un pareil jugement, qui a pour objet de rendre la poursuite moins dispendieuse, n'intervient guère qu'au début même de la poursuite.

Le tiers détenteur pourra-t-il encore délaisser, après avoir notifié son contrat aux créanciers inscrits ? Oui, nous répond la Cour d'Angers dans son même arrêt du 14 juillet 1855. Mais il y avait cette circonstance particulière que, dans l'espèce, la notification avait été sans effet, en ce qu'elle n'avait pas empêché des poursuites de saisie contre le tiers détenteur. Or, les poursuites hypothécaires, malgré les offres, équivalent à un refus des offres. Si, au contraire, elles étaient acceptées des créanciers, le tiers détenteur ne pourrait plus délaisser.

2° *Formes du délaissement.* — « Le délaissement par hypothèque, nous dit l'art. 2174, se fait au greffe du tribunal de la situation des biens, et il en est donné acte par ce tribunal. Sur la pétition du plus diligent des intéressés, il est créé à l'immeuble délaissé un curateur, sur lequel la vente de l'immeuble est poursuivie dans les formes prescrites pour les expropriations. »

Reprenons cette disposition de la loi dans ses détails.

Et d'abord le délaissement est déclaré par acte au greffe. L'acte, signé par la partie et le greffier, est signifié au vendeur et aux créanciers ; puis, par simple acte, le possesseur somme le créancier poursuivant de comparaître à l'audience

(1) Paris, 10 janvier 1851 et 17 février 1853 (Sir., 55, 2, 630 et 631).

pour entendre le tribunal donner acte du délaissement, s'il y a lieu. Car de deux choses l'une : ou bien le délaissement n'est pas contesté, et alors il n'est pas nécessaire de le faire recevoir par jugement, ce seraient des frais inutiles ; le créancier le plus diligent présente requête au président qui ordonne communication au Ministère public, et sur l'ordonnance du président, accompagnée des conclusions écrites du Ministère public, il intervient en la Chambre du Conseil une décision portant nomination d'un curateur et donnant en même temps acte du délaissement. Ou bien le délaissement est contesté, soit parce qu'il émane d'une personne incapable, soit parce qu'on soutient que le détenteur est obligé personnellement ; le créancier répond alors par simple acte, on va à l'audience et le tribunal statue. — Lorsque le délaissement est admis, c'est sur le curateur nommé par le jugement même qui a donné acte du délaissement qu'est poursuivie la vente, dans la forme prescrite pour l'expropriation.

Toute expropriation doit être précédée d'un commandement fait au débiteur, à personne ou domicile. A qui, dans la circonstance, doit être fait ce commandement requis par les art. 673 du Code de procédure et 2217 du Code civil? — Ce ne peut être au tiers détenteur, puisque le délaissement l'a dessaisi et qu'il est devenu par ce délaissement complétement étranger à la poursuite. Ce ne peut être non plus au curateur qui n'est pas débiteur, et de qui, d'ailleurs, on ne saurait exiger le paiement de la dette. Le véritable débiteur, c'est celui qui a souscrit l'obligation et qui a constitué l'hypothèque : c'est donc à lui que doit être fait le commandement.

Toutefois, si le créancier avait déjà fait au débiteur originaire le commandement prescrit par l'art. 2169 du Code civil et que ce commandement ne fût pas périmé, il nous paraîtrait tout-à-fait inutile de le renouveler. Dans le cas contraire, il serait indispensable que le créancier poursuivant fît ce commandement au débiteur, avant de commencer la poursuite sur le curateur.

III. — Des effets du délaissement hypothécaire.

L'objet du délaissement, comme nous l'avons vu, est de soustraire le tiers détenteur, au moyen de l'abandon qu'il fait de l'immeuble, aux poursuites des créanciers hypothécaires. Toutefois, ce n'est pas un acte d'aliénation, mais une abdication de la possession ; le tiers détenteur reste propriétaire de la chose jusqu'à l'adjudication (art. 2173).

De ce principe résultent plusieurs conséquences importantes :

1° Si l'immeuble délaissé vient à périr par cas fortuit avant l'adjudication, il périt pour le délaissant : *res perit domino*, et ce dernier n'aura pas de recours en garantie à exercer contre son vendeur pour ce cas imprévu et de force majeure.

2° Si l'immeuble délaissé est adjugé pour un prix supérieur au montant des dettes hypothécaires, le surplus doit appartenir au tiers acquéreur dépossédé, et de son chef à ses créanciers personnels. C'est ce que nous apprend la loi, lorsqu'elle nous dit, dans le deuxième alinéa de l'art. 2177, que les créanciers qui ont, du chef du délaissant, acquis des hypothèques sur l'immeuble délaissé, les exercent à leur rang, *après tous ceux qui sont inscrits sur les précédents propriétaires*. Ce principe a aussi été consacré par deux arrêts : l'un de la Cour de Rennes, l'autre de la Cour de cassation (1).

(1) Rennes, 9 décembre 1861 ; Req., 15 décembre 1862. (*J. Pal.*, 1862, p. 131 ; 1864, p. 469.)

3° Le délaissement n'opérant pas mutation, n'est assujetti qu'à un droit fixe de 5 fr. (art. 58, loi du 28 frimaire an VII).

4° Le délaissant a le droit, jusqu'à l'adjudication, de constituer valablement des hypothèques sur l'immeuble. On peut objecter que l'adjudication fait considérer le détenteur comme n'ayant jamais été propriétaire, et que dès lors les hypothèques consenties par lui doivent être nulles (art. 2125). On répond que son droit n'est résolu qu'au profit des créanciers hypothécaires, que jusqu'à l'adjudication, il est resté propriétaire vis-à-vis de toute autre personne, qu'il a donc pu hypothéquer l'immeuble, déduction faite de la portion affectée au paiement des créanciers. Aussi l'art. 2177 *in fine* déclare que « les créanciers personnels du détenteur, après tous ceux qui sont inscrits sur les précédents propriétaires, exercent leur hypothèque à leur rang sur le bien adjugé. »

5° Le délaissement produit une autre conséquence que le législateur a lui-même formulée dans l'art. 2173, c'est que jusqu'à l'adjudication le tiers détenteur est le maître de reprendre l'immeuble, à la charge cependant d'acquitter intégralement, avec les frais de la poursuite, toutes les dettes hypothécaires, dont il devient ainsi débiteur direct et personnel. Cette condition est imposée même au mineur ou à l'interdit qui veut reprendre un immeuble dont le délaissement a été régulièrement opéré (1).

Dans le même ordre d'idées, il a été décidé avec raison que le tiers détenteur ne pourrait pas user de la faculté de l'art. 2173, en consignant seulement le montant de la somme due au créancier qui a exercé des poursuites. Le délaisse-

(1) *Sic :* Rennes, 31 juillet 1851 ; Req., 2 avril 1855 (Dall., 55, 1, 311).

ment profite à tous les créanciers inscrits, la consignation doit, par conséquent, s'étendre à toutes les créances inscrites.

Toutefois, il ne sera pas tenu de payer avec la créance inscrite les dommages-intérêts encourus par le débiteur postérieurement à l'acquisition du tiers détenteur; ils ne peuvent former l'accessoire d'une obligation principale de laquelle ils ne découlent pas, et conséquemment doivent être supportés personnellement par le débiteur. Une doctrine contraire, comme dit la Cour de cassation dans son arrêt de rejet du 16 mai 1843, serait funeste au tiers détenteur, puisqu'elle aurait pour effet d'ajouter à l'hypothèque primitive une créance dont le principe n'est pas prévu dans ce titre, dont la naissance est éventuelle et dont l'étendue est indéterminée.

Cette cinquième conséquence, déduite par l'art. 2173 du principe que le délaissement n'enlève pas au tiers détenteur la propriété de l'immeuble délaissé, ne doit-elle pas être étendue au-delà des termes dans lesquels elle est formulée? La jurisprudence est presque unanime à cet égard et décide que le tiers détenteur pourrait même être contraint à se remettre en possession de l'immeuble, en exécution du contrat qui lui en a transmis la propriété, si avant l'adjudication et après le délaissement il y avait de la part des créanciers de son vendeur désistement de toutes poursuites et radiation des inscriptions. Le délaissement de l'immeuble, comme l'a dit la Cour de Paris, n'entraîne pas la résolution du contrat en vertu duquel le tiers détenteur est devenu propriétaire; les engagements contractés par ce dernier continuent donc de subsister jusqu'à l'adjudication (1).

. . . .

(1) *Sic* : Paris, 21 mars 1847 (Dall., 47, 2, 110); Riom, 8 décembre 1852 (Dall., 55, 5, 420); MM. Aubry et Rau (t. II, p. 822).

Ajoutons en terminant que lorsque le tiers détenteur déclare vouloir reprendre la chose délaissée, en offrant de payer toute la dette et les frais, il s'oblige personnellement envers le créancier sur tous ses biens, et en conséquence, ne peut plus lui opposer la péremption de son inscription faute de renouvellement dans les dix ans de sa date.

§ 3. — *Expropriation forcée.*

Lorsque le tiers détenteur qui ne remplit pas les formalités de la purge n'use pas non plus de la faculté qu'il a, soit de payer la totalité de la dette hypothécaire, soit de délaisser l'immeuble grevé de privilége ou d'hypothèque, les créanciers inscrits et ceux dont l'hypothèque est dispensée d'inscription, peuvent manifester leur droit de suite par sa conclusion finale et véritable, qui est l'expropriation forcée. C'est ce que nous dit l'art. 2169.

Nous verrons successivement ce qui a trait aux conditions nécessaires pour que la vente puisse être poursuivie, aux formalités préliminaires, aux délais et aux formes de la vente même.

1° *Conditions.* — Pour que le créancier ait le droit de faire vendre l'immeuble sur le tiers détenteur, il faut que la dette soit exigible (art. 2169). Jusqu'à ce moment, le créancier n'a rien à demander au tiers détenteur : celui-ci jouit du terme accordé au débiteur direct. Toutefois, si ce dernier subit une déchéance et perd le bénéfice du terme, le tiers détenteur en sera également privé, car, comme nous l'avons dit en traitant du paiement, pour savoir si le tiers détenteur subit ou non les déchéances du terme, on ne doit considérer que la personne du débiteur.

L'art. 2169 dit, en général, que chaque créancier hypothécaire a droit de faire vendre la chose sur le tiers détenteur, il s'ensuit que la poursuite hypothécaire peut être exercée par tout créancier inscrit. Sous ce rapport, notre Code s'écarte des principes du droit Romain, d'après lequel le créancier premier en rang d'hypothèque avait seul le droit de faire vendre par autorité de justice les choses hypothéquées, les créanciers ultérieurs ayant seulement le *jus offerendi,* c'est-à-dire la faculté d'offrir au premier créancier de le désintéresser en le payant, et par là d'acquérir leur subrogation en son lieu et place.

Ce droit est si absolu qu'il existe, même si l'on peut supposer qu'à raison de son rang d'hypothèque, le créancier n'obtiendra pas une collocation utile lors de la distribution du prix. C'est ce qu'a décidé, et avec raison, la Cour de cassation, par arrêt du 10 février 1818, contrairement à la Cour de Rouen, qui, dans un arrêt du 14 décembre 1815, avait manifestement méconnu l'art. 2169.

Mais il est possible qu'en réalité, l'adjudication ne produise aucun autre résultat que de consommer en frais de justice une grande partie de la valeur de l'immeuble; ne pourrait-on pas, dans ce cas, ordonner que le créancier poursuivant donnât bonne et valable caution? Ce tempérament ne nous semble pas admissible. D'une part, en effet, la Cour de cassation n'en parle pas dans son arrêt du 10 février 1818, et semble par son silence le rejeter; d'autre part, il est contraire à la loi, qui n'établit aucune différence entre les créanciers et ne permet pas que les uns soient soumis, pour l'exercice de ce droit, à des conditions dont les autres seraient affranchis.

2° *Formalités préliminaires.* — Avant de recourir à la mise en vente de l'immeuble hypothéqué, le créancier hypothécaire a des formalités à remplir.

Dans l'ancienne jurisprudence, le créancier intentait contre le tiers possesseur l'action hypothécaire, pour le faire condamner à délaisser l'héritage, sinon à payer la dette. C'est que l'hypothèque étant secrète, la déclaration publique de son existence était préalablement nécessaire pour exercer des poursuites contre les tiers. Aujourd'hui que l'hypothèque est publique, cette action est à peu près inutile, on ne peut l'intenter que dans le but d'interrompre la prescription. Le créancier doit se borner, suivant l'art. 2169, à faire un commandement au débiteur originaire et une sommation au tiers détenteur de payer ou de délaisser, et faute par ce dernier de répondre à la sommation, il peut poursuivre sur lui la vente de l'immeuble dans la forme de l'expropriation forcée. La sommation et le commandement doivent être faits par gens capables et aux gens qui ont capacité pour les recevoir et y répondre.

On s'est demandé, et la question divise encore les auteurs et la jurisprudence, si le commandement doit précéder la sommation, ou la sommation précéder le commandement, et si l'ordre que l'on adoptera peut être une cause de nullité de la procédure. — D'après l'ordre logique des idées et la construction grammaticale de l'art. 2169, le commandement doit précéder la sommation; car si le débiteur paie sur cette mise en demeure, il n'y aura plus de prétexte à l'exercice du droit de suite et à la sommation. Mais cet ordre n'a rien d'absolu, et nous n'attacherons aucune nullité à l'interversion, comme le font beaucoup d'auteurs et de nombreux arrêts (1).

Pourquoi doit-on faire un commandement au débiteur

(1) *Sic.* : Riom, 6 août 1842; Amiens, 15 janvier 1847 (Dall., 49, 2, 203). *Contra* : Rej., 2 mars 1840; Nîmes, 28 janvier 1856 (Dall., 51, 2, 205; 56, 2, 98).

originaire ? C'est pour l'avertir que faute par lui d'acquitter la dette, l'expropriation sera poursuivie sur le tiers détenteur, et que de cette expropriation naîtront pour lui un conflit avec son acquéreur et un recours de la part de ce dernier. Une autre raison se tire de l'art. 2217 du Code civil. En effet, si le débiteur et le tiers détenteur ne paient pas, la poursuite se résout en expropriation forcée. Or, toute poursuite de ce genre doit être précédée, à peine de nullité, d'un commandement de payer, fait à la requête du créancier, à la personne du débiteur ou à son domicile, par le ministère d'un huissier. La même formalité est impérativement ordonnée par l'art. 673 du Code de procédure civile.

Le commandement étant un acte préliminaire d'exécution, ne peut être fait qu'en vertu d'un titre exécutoire. Ainsi, le créancier dont l'hypothèque est conventionnelle ou judiciaire sera nécessairement en mesure de faire le commandement, puisqu'il a son titre soit dans un acte authentique, soit dans un acte émané de l'autorité judiciaire. Mais que décider à l'égard des créanciers à hypothèque légale, tels que le mineur et la femme mariée, qui n'ont pas de titre exécutoire contre le tuteur et le mari, dont les biens sont grevés à leur profit? S'ensuit-il qu'ils ne peuvent pas faire le commandement dont il s'agit? En aucune manière; seulement ils devront obtenir contre le débiteur un jugement en vertu duquel ils procéderont ensuite.

Comme, à défaut de paiement ou de délaissement, la poursuite doit se résoudre en saisie immobilière et en expropriation forcée, le commandement dont parle l'art. 2169 devra être fait suivant les formes déterminées par l'art. 673 du Code de procédure.

En ce qui concerne la péremption, il est soumis aux règles ordinaires de saisie immobilière, de sorte que si le créancier laisse s'écouler plus de trois mois entre le commandement et la saisie, il sera tenu de le réitérer (art. 674 du Code de procédure).

Cette dernière opinion, toutefois, n'est pas universellement admise. Un certain nombre d'arrêts décident, en effet, que l'art. 674 s'applique seulement au cas d'expropriation poursuivie contre le débiteur principal, et que l'art. 2169 règle d'une manière complète le cas exceptionnel de l'expropriation du tiers détenteur. D'après cette jurisprudence, quand bien même trois mois et plus se seraient écoulés entre le commandement et la saisie, le créancier ne serait pas tenu de le réitérer (1). Cette solution ne saurait prévaloir. La Cour de cassation, qui l'avait d'abord admise, l'a rejetée plus tard elle-même, et notamment dans un arrêt du 16 mai 1843 (2). C'est au Code de procédure, en effet, qu'il appartient de régler la forme, tant des actes de poursuite que des actes préliminaires, et de déterminer la durée du temps pendant lequel ils peuvent produire leur effet. Les art. 673 et 674 du Code de procédure sont conçus dans les termes les plus généraux et s'appliquent indistinctement à toutes les poursuites de saisie immobilière, qu'elles soient dirigées contre le débiteur qui a conservé dans ses mains l'immeuble hypothéqué, ou qu'elles soient exercées contre le tiers détenteur. Ce serait donc admettre une distinction arbitraire que de restreindre l'application de ces articles aux seules poursuites dirigées contre le débiteur.

C'est sur le tiers détenteur que se poursuit l'expropriation, le texte de l'art. 2169 s'en explique formellement.

(1) *Sic* : Limoges, 5 mars 1842 (Sir., 42, 2, 481). Bordeaux, 22 juillet 1843 (Sir., 36, 1, 277).

(2) *Sic* : Req. rej., 16 mai 1843 (Sir., 44, 1, 283); Req. rej., 25 novembre 1862 (Sir., 63, 1, 149) ; MM. Aubry et Rau (t. II, p. 872).

Il peut conséquemment en arrêter l'effet en excipant du défaut de commandement fait au débiteur originaire. On conçoit son intérêt à cet égard, le débiteur mis en demeure aurait peut-être satisfait les créanciers, et les poursuites contre le tiers détenteur seraient devenues inutiles. Il peut également se prévaloir de la nullité du commandement provenant du défaut de qualité, en la personne de celui qui l'a reçu, car il est alors dans la même position que s'il n'y avait pas eu de commandement. De même il pourrait opposer la péremption de l'acte; mais on s'accorde généralement à reconnaître, qu'il ne pourrait exciper d'une simple nullité de forme, car la forme de l'acte n'intéresse que le débiteur seul, qui peut couvrir ce défaut de forme par son silence. Ce que veut le législateur, c'est que le débiteur personnel soit averti de l'état des choses et qu'il y porte remède; or, il est évident qu'une nullité de forme ne peut empêcher l'acte de remplir ce but.

Après le commandement fait au débiteur vient la sommation, qui doit être adressée au tiers détenteur. Elle a pour but de le mettre en demeure de payer ou de délaisser, et a, en outre, pour résultat de faire courir le délai de la purge (art. 2183).

Néanmoins, la Cour de Nîmes a plusieurs fois adopté un système contraire et décidé, notamment par arrêts des 4 juin 1807 et 6 juillet 1812, que la sommation prescrite par l'art. 2169 n'est pas la même que la sommation prescrite par l'art. 2183, que celle-ci ne tend qu'à mettre l'acquéreur en demeure de purger, et que ce n'est que lorsqu'il est déchu de ce droit qu'on peut procéder contre lui conformément à l'art. 2169 (1). — Cette opinion nous semble inadmissible.

(1) Nîmes, 4 juin 1807 et 6 juillet 1812 (Sir., 7, 2, 701, et 13, 2, 259). — *Contra :* Req. rej., 25 nov. 1862 (Sir., 63, 1, 149).

Toutes les formalités à remplir par le créancier contre le tiers détenteur qui ne purge pas sont contenues dans l'art. 2169. Or, cet article parle bien de la sommation de délaisser ou de payer, mais nulle part il n'est fait mention d'une sommation de purger. L'art. 2183, lorsqu'il parle d'une *première sommation,* suppose probablement que plusieurs créanciers ont fait sommation de payer ou de délaisser, et il fixe à la date de la première le point de départ du délai accordé pour remplir les formalités de la purge. Si la déchéance de la faculté de purger était la condition des poursuites, on ne comprendrait pas que l'art. 2183 présentât la purge comme un moyen de s'en garantir.

Mais si un commandement est nécessaire vis-à-vis du débiteur direct, comment se fait-il qu'une simple sommation suffise à l'égard du tiers détenteur? C'est que le commandement, comme nous l'avons dit, ne peut être fait qu'en vertu d'un titre exécutoire et que le créancier n'a de titre de cette nature que contre le débiteur direct, le tiers détenteur n'étant tenu vis-à-vis de lui qu'à raison de sa détention.

Cette sommation, au reste, doit être faite en la forme ordinaire des exploits, c'est-à-dire par un huissier, et n'est pas astreinte aux règles relatives au commandement, fixées par l'art. 673 (C. proc.); c'est ce qu'a décidé la Cour de Paris, par arrêt du 17 janvier 1840 (1). Elle doit cependant rappeler le commandement qui a pu être fait, menacer le tiers détenteur de procéder à la saisie de l'immeuble, si, d'une part, le débiteur ne paie pas, et si, d'autre part, le tiers détenteur n'a pas recours à un des tempéraments que lui

(1) Paris, 17 janvier 1840 (Sir., 40, 2, 53).

fournit le Code. Elle doit en outre, à peine de nullité, faire connaître l'immeuble dont le délaissement est demandé, de manière qu'il n'existe aucune incertitude sur cet immeuble (1).

Dans quel délai se périme-t-elle? On a prétendu qu'elle se périmait, par l'expiration des quatre-vingt-dix jours dont parle l'art. 674 du Code de procédure. Un arrêt de la Cour de cassation est même venu consacrer cette doctrine, et déclarer que lorsque le commandement serait devenu inutile par l'expiration des quatre-vingt-dix jours, la sommation resterait sans efficacité (2). Nous rejetons cette décision comme contraire à l'art. 2176, qu'il nous semble convenable de prendre ici pour règle. D'après cet article, si les poursuites commencées ont été abandonnées pendant trois ans, les fruits de l'immeuble hypothéqué ne sont dus par le tiers détenteur qu'à compter du jour de la nouvelle sommation qui sera faite. Si après trois ans passés sans donner cours aux poursuites, le créancier n'a pas le droit de réclamer les fruits sans réitérer la sommation, à plus forte raison ne doit-il plus avoir droit, après le même délai, de reprendre les poursuites sans faire une sommation nouvelle.

3° *Délai.* — Lorsque ces formalités préliminaires sont accomplies, la saisie ne peut s'opérer immédiatement. C'est seulement quand trente jours sont écoulés après le commandement ou après la sommation, c'est-à-dire après celui des deux actes qui a été fait le dernier, que le créancier peut, si la mise en demeure est restée sans résultat, entamer par la saisie les poursuites de vente.

Mais qu'entend la loi par ce délai de trente jours? Nous

(1) Req. rej., 6 juin 1860 (Sir., 61, 1, 356).
(2) Req., 25 nov. 1862 (Dall., 63, 1, 209).

avons admis que la sommation dont parle l'art. 2169 est la même que celle de l'art. 2183 ; comment concilier ces deux articles ? L'un nous parle d'un délai de trente jours, l'autre du délai d'un mois. Y aurait-il là deux délais distincts ? car le mois ne se compose pas toujours de trente jours. Non. Les deux actes étant les mêmes, le délai doit être le même. Au surplus, comment pourrait-on admettre que l'on pût saisir la veille du jour où l'on ne serait pas déchu de la faculté de purger ?

Quoi qu'il en soit, la question de savoir de combien de jours se compose le mois a fort tourmenté les interprètes du droit Romain. — Dans l'ancien droit Français, la jurisprudence était fort divisée. Sous le Code, il a été généralement admis qu'on fixe le mois au nombre de jours déterminé par le calendrier grégorien. Mais la Cour de cassation reconnaît elle-même qu'il y a des exceptions à cette règle de calcul, lorsque le législateur en a autrement ordonné. Ainsi le Code pénal (art. 40) fixe à trente jours la durée du mois d'emprisonnement. Dans l'espèce, nous avons justement la limitation de l'art. 2169, à laquelle ne peut faire échec l'art. 2183 ; ces deux articles s'expliquent l'un par l'autre.

Il faut toutefois remarquer que dans le calcul des trente jours dont il s'agit, on ne doit comprendre ni le *dies a quo*, ni le *dies ad quem*. Le *dies a quo* en est naturellement exclu par le mot *après* dont se sert notre article, et quant au *dies ad quem*, il en est exclu par les termes mêmes de l'art. 1033 du Code de procédure, d'après lequel le jour de l'échéance n'est jamais compté dans le délai général fixé pour les ajournements, les citations, sommations et autres actes faits à personne ou domicile.

Mais si le créancier qui a fait le commandement et la sommation vient à les abandonner, soit parce qu'il a été désintéressé, soit pour tout autre motif, chacun des autres créanciers peut-il faire les poursuites sans avoir à les réitérer? Nous admettons sans difficulté que la sommation de purger ne doit pas être réitérée; par elle, en effet, le tiers détenteur a été mis en demeure, et cette mise en demeure a profité à tous. Mais un second commandement est nécessaire, car il ne peut y avoir de procédure en expropriation valable sans un commandement donné par le poursuivant au débiteur.

4° *Forme de la vente.* — C'est par la vente par expropriation forcée que se résout la poursuite hypothécaire sur le tiers détenteur. L'art. 2169 exclut implicitement tout mode d'exécution qui n'aurait pas pour fin la vente aux enchères, cette vente étant le seul moyen de porter l'immeuble à sa plus haute valeur.

Le créancier ne pourrait donc convenir à l'origine, avec son débiteur, qu'à défaut de paiement par celui-ci, il aurait le droit de procéder à la vente sans aucune formalité. L'art. 742 du nouveau Code de procédure (Loi du 2 juin 1841) a du reste fait cesser la controverse qui existait à cet égard, en déclarant que « toute convention portant qu'à défaut d'exécution des engagements pris envers lui, le créancier aura le droit de faire vendre les immeubles de son débiteur, sans remplir les formalités prescrites pour la saisie immobilière, est nulle et non avenue. »

Nous repoussons également, comme contraire à l'art. 2169, toute clause qui aurait pour but de faire attribuer à des créanciers la chose à dire d'experts.

ARTICLE 2.

Règles communes aux différents partis que peut prendre le tiers détenteur.

Nous avons examiné en détail les règles spéciales relatives aux différents partis que peut prendre le tiers détenteur. Nous allons grouper sous cet article des règles qui ont trait tantôt au délaissement et à l'expropriation, tantôt à ces deux partis et, en outre, au paiement de la dette hypothécaire. Ces règles, au nombre de quatre, sont relatives :

1° Aux détériorations que l'immeuble a pu éprouver, pendant qu'il était aux mains du tiers acquéreur, et aux améliorations et impenses qui ont pu lui donner une plus-value;

2° Aux fruits de l'immeuble hypothéqué et à leur répartition entre les créanciers ;

3° Aux servitudes et aux droits réels que le tiers détenteur avait sur l'immeuble avant sa possession et aux hypothèques qui ont pu être acquises par ses créanciers personnels ;

4° Enfin, au recours en garantie ouvert au tiers détenteur contre le débiteur principal.

Les trois premières règles sont communes au cas où le tiers détenteur délaisse et à celui où il est exproprié. La dernière s'applique non seulement à ces deux cas, mais encore à celui où le tiers se détermine, pour arrêter ou prévenir l'expropriation, à payer la totalité de la dette hypothécaire.

§ 1. — *Règle relative au règlement de l'indemnité pour détériorations.*

L'art. 2175, qui contient notre première règle, est ainsi conçu : « Les détériorations qui procèdent du fait ou de la négligence du tiers détenteur au préjudice des créanciers hypothécaires ou privilégiés donnent lieu à une action en indemnité ; mais il ne peut répéter ses impenses et améliorations que jusqu'à concurrence de la plus-value résultant de l'amélioration. » Nous n'étudierons, sous ce paragraphe, que la première partie de l'art. 2175, nous réservant de revenir sur la seconde lorsque nous traiterons des exceptions que peut opposer le tiers détenteur. »

Il faut d'abord remarquer que le tiers détenteur n'est responsable que des détériorations qui procèdent de son *fait* ou de sa *négligence*, par exemple, s'il a démoli des bâtiments ou laissé dépérir l'immeuble faute d'entretien ; mais il ne saurait être responsable des dégradations arrivées par une cause naturelle, telle que la vétusté, ou par une force majeure, telle qu'un incendie ou une inondation.

Nous avons rangé parmi les détériorations dont doit répondre le tiers détenteur la démolition des bâtiments. C'est en vain que pour combattre cette doctrine, on nous opposerait un arrêt de la Cour de cassation du 9 août 1825, déniant au créancier hypothécaire le droit d'inquiéter l'acquéreur, qui a fait procéder à la démolition de la maison vendue et a enlevé les matériaux. Cet arrêt, en effet, a été rendu dans une espèce où le tiers détenteur avait acheté séparément la maison pour la démolir et avait de bonne foi vendu les matériaux aux vu et su des créanciers. Il n'y avait pas là un véritable tiers détenteur, puisqu'il avait acheté plutôt des choses mobilières, l'obligation de détruire la maison mobilisant les matériaux. Et en outre, cette destruction n'était pas de son *fait*, puisque telle était la condition de son marché et qu'il n'avait pas été libre de démolir ou de ne pas démolir.

On ne peut regarder comme détériorations les coupes régulières des bois taillis et des bois de haute futaie aménagés. Ces coupes, en effet, sont placées au nombre des *fruits* par les art. 590 et 591 du Code civil, et l'art. 2176 n'astreint le tiers détenteur à rendre compte des fruits qu'à compter du jour de la sommation de payer ou de délaisser.

En ce qui concerne les hautes futaies non aménagées, le tiers détenteur ne peut les couper sans commettre une dégradation, dont il est responsable envers les créanciers hypothécaires. C'est, en effet, ce qui a été jugé par un arrêt du 10 avril 1653 : « Il fut jugé, dit Basnage, le 10 avril 1653, que celui qui avait acheté des bois de haute futaie était tenu de bailler caution aux créanciers hypothécaires du prix des bois qu'il faisait abattre, parce que la valeur du fonds hypothéqué était diminuée par cette valeur. » C'était aussi l'opinion de M. Persil.

M. Troplong commet donc une erreur lorsqu'il dit que les futaies non réglées sont destinées, tôt ou tard, à être coupées, qu'il n'y a pas de détérioration et partant pas d'indemnité, si le propriétaire les fait couper sans fraude, pour ses besoins et à l'époque favorable pour cela. En effet, le caractère de la futaie, quand elle n'est pas aménagée, est la perpétuité ; le propriétaire l'a réservée pour l'ornement et l'agrément de sa propriété, et il ne se décide à l'abattre que lorsque les arbres tombent de vétusté et qu'il y a nécessité dès lors de pourvoir à leur remplacement. Dans ce cas, il n'y a évidemment pas lieu à l'action en indemnité, et si c'est là ce qu'a voulu dire M. Tròplong, nous sommes de son avis, car le propriétaire ne fait qu'un acte de bonne administration. Mais autre chose est la coupe de quelques arbres, qui serait un acte de pure administration, autre chose est une coupe totale, faite dans un but de spéculation, et sortant par conséquent des limites de ce qui peut être permis au tiers détenteur.

A quelle époque les dégradations doivent-elles avoir été commises, pour qu'il y ait lieu à l'indemnité? Ne sont-elles dues que lorsqu'elles ont été faites après la sommation du créancier?

Dans l'ancien droit, l'indemnité n'était due que du *jour de la demande en déclaration d'hypothèque.* C'était l'opinion de Pothier et de Loyseau :

« Le tiers détenteur, dit Pothier, ne peut être condamné à autre chose qu'au délais de l'héritage, en l'état où il se trouve; il n'est point tenu des dégradations qu'il y a faites *avant la demande*, car il a pu négliger un héritage qui lui appartenait et le dégrader. Cette décision a lieu quand même le tiers détenteur aurait eu connaissance de l'hypothèque, et même dans le cas auquel il aurait été déjà assigné en interruption; car tant que l'on ne donne pas contre lui la demande hypothécaire, aux fins de délaisser l'héritage, il demeure maître de faire de son héritage ce que bon lui semble, et il peut penser que le créancier trouve son débiteur personnel suffisant (1).

Loyseau avait exprimé la même doctrine en disant : « Depuis que le tiers détenteur a esté adjourné pour passer titre nouvel de la rente, ou que l'on a conclu contre lui en action hypothécaire à délaisser l'héritage ou à payer la

(1) *Voy.* Pothier (chap. II, art. 3).

rente, il ne peut plus toucher à l'héritage, au préjudice du créancier, auquel il est plus particulièrement affecté au moyen de cette poursuite; il faut, après la condamnation, qu'il le délaisse tel qu'il était lors de la demande (1). »

Cette décision de l'ancienne jurisprudence, que justifiait la clandestinité des hypothèques, n'est plus admissible dans notre droit. La clandestinité, en effet, a fait place au système de la publicité; en sorte que l'on ne peut plus dire, comme au temps de Loyseau, que le tiers détenteur a acquis « *sans savoir qu'un autre prétendît droit à l'héritage.* » Sous l'empire de notre Code, le tiers détenteur est responsable de toutes les dégradations commises postérieurement aux inscriptions. L'hypothèque puise aujourd'hui dans l'inscription la puissance que lui donnait autrefois la demande en délaissement; la sommation de payer ou de délaisser, qui forme le point de départ des poursuites, ne lui attribue point une force nouvelle. Le tiers détenteur, averti par l'inscription, ne peut prétexter cause d'ignorance, il sait ou doit savoir qu'il ne peut altérer ou affaiblir la propriété au préjudice des créanciers. En acquérant un immeuble grevé d'hypothèques, il se constitue donc volontairement gardien du gage des créanciers.

Mais à quels créanciers l'action en indemnité est-elle ouverte? — Cette action appartient à tous les créanciers hypothécaires et privilégiés inscrits, parce qu'elle est un accessoire, une conséquence du droit de suite, et que le droit de suite ne peut être exercé ni par les créanciers chirographaires, ni par les créanciers non inscrits. Elle compète même aux créanciers dont les créances seraient conditionnelles, en ce sens que dès l'instant où il a été commis des

(2) *Voy.* Loyseau (*du Déguerpissement*, liv. V, chap. XIV).

dégradations de nature à compromettre leurs intérêts, ils sont autorisés à en provoquer l'estimation et à exiger du tiers détenteur la consignation du montant de cette estimation, pour être, en cas d'insuffisance du prix de vente de l'immeuble, ultérieurement distribué par ordre d'hypothèque.

Quid cependant des hypothèques légales des femmes et des mineurs qui sont affranchis de l'inscription? Ne faut-il pas leur appliquer la solution de l'ancien droit, puisqu'il y a clandestinité? Ce serait une erreur. C'est au tiers détenteur de les prévoir ou de les connaître ; s'il ne les connaît pas, qu'il en provoque la manifestation par la purge légale.

§ 2. — *Règle relative aux fruits dus par le tiers détenteur.*

« Les fruits de l'immeuble hypothéqué, dit l'art. 2176, ne sont dus par le tiers détenteur qu'à compter du jour de la sommation de payer ou de délaisser, et si les poursuites commencées ont été abandonnées pendant trois ans, à compter de la nouvelle sommation qui sera faite. »

C'était, dans l'ancienne jurisprudence, une chose assez controversée que de savoir l'époque à laquelle les fruits étaient dus. Les uns, entre autres Loyseau, invoquant la loi 16, § 4, livre XX, t. 1, Dig., *de pignor*, décidaient que le tiers détenteur devait les fruits seulement depuis la contestation en cause (1). D'autres, au contraire, considéraient le tiers détenteur comme débiteur des fruits qu'il avait recueillis depuis l'assignation en déclaration d'hypothèque, car il devait, disaient-ils, délaisser l'héritage dans l'état où il se trouvait alors.

(1) *Voy.* Loyseau (livre V, chap. 15, n° 7).

Nous avons aujourd'hui, sur ce point, une règle formelle dans l'art. 2176. « Les fruits de l'immeuble hypothéqué ne sont dus par le tiers détenteur qu'à compter du jour de la sommation de payer ou de délaisser. » L'hypothèque, en effet, ainsi que le privilége, n'empêchent pas le tiers acquéreur d'être propriétaire, bien qu'il détienne le gage des créanciers, et tant que rien n'indique au tiers détenteur que ceux-ci veulent exercer leur droit, il peut croire que le débiteur personnel s'acquittera de sa dette et doit être traité au moins à l'égal du possesseur de bonne foi (art. 549 et 550 du Code civil). Si, au contraire, il y a eu sommation, l'éviction devenant inévitable, il ne serait pas juste que le tiers détenteur perçût les fruits d'un immeuble de la propriété duquel il doit être évincé. Il devra donc compte aux créanciers hypothécaires de tous les fruits naturels qu'il aura recueillis postérieurement à cette sommation, et des fruits civils dans la proportion du nombre de jours qui se seront écoulés depuis cet acte. Il en sera même débiteur direct et ne pourra se dégager, pour ce qui concerne les fruits civils, de l'obligation personnelle qui pèse sur lui en offrant de subroger les créanciers hypothécaires, dans ses droits contre les fermiers ou locataires (1).

Mais il faut, pour cela, que l'action des créanciers hypothécaires ou privilégiés demeure persistante. Si les poursuites ont été interrompues pendant trois ans, il y a péremption *de droit*, par exception à la règle ordinaire (article 399 du Code de procédure civile), qui exige, pour qu'il y ait péremption, une demande en justice. L'acquéreur ne devra alors les fruits qu'à compter de la nouvelle sommation. On a voulu empêcher que la négligence du créancier

(1) *Sic :* Agen, 29 juin 1849 (Dall., 50, 2, 245).

poursuivant ne produisît une accumulation de fruits, dont la restitution pourrait tourner au détriment et quelquefois à la ruine du tiers détenteur.

Examinons maintenant comment se fera la répartition des fruits échus ou perçus depuis la sommation de payer ou de délaisser.

Les fruits échus ou perçus depuis la transcription de la saisie faite sur le curateur créé à l'immeuble ou sur le tiers détenteur, doivent, sans aucun doute, être assimilés aux fruits perçus depuis la transcription de la saisie faite sur le débiteur lui-même. Ils seront immobilisés suivant la disposition de l'art. 682 du Code de procédure civile, et le prix en sera distribué entre les créanciers hypothécaires d'après l'ordre de leurs inscriptions.

Mais qui profitera des fruits échus ou perçus antérieurement à la transcription et depuis la sommation de payer ou de délaisser ?

M. Tarrible pense que ces fruits sont meubles, et il soutient qu'il n'y a d'immobilisés que les fruits échus depuis la transcription de la saisie faite en vertu de l'art. 682 du Code de procédure civile. La conclusion qu'il tire de cet état de choses, c'est que les fruits échus depuis la sommation jusqu'à la transcription de la saisie doivent être distribués au marc le franc, entre tous les créanciers tant chirographaires qu'hypothécaires, tandis que les fruits échus depuis la transcription de la saisie sont immeubles et doivent être distribués entre tous les créanciers hypothécaires (1).

Nous ne saurions partager cette opinion qui, du reste, a contre elle la plupart des auteurs et la jurisprudence.

Il est clair que par cela seul que les fruits échus depuis

(1) *Voy.* M. Tarrible (*Rép.*, v° tiers détenteur, n° 13).

la sommation tombent sous le coup du droit de suite, ils sont immeubles; car on sait qu'il n'y a que les immeubles ou les choses immobilisées qui soient susceptibles du droit de suite (art. 2119, C. civ.). Si l'on considérait comme meubles les fruits échus dans l'intervalle de la sommation à cette transcription, ils échapperaient au droit de suite et devraient être adjugés aux seuls créanciers personnels du tiers détenteur. Mais ne serait-ce pas violer ouvertement certains articles de notre Code, dans lesquels le législateur entoure d'une protection spéciale les créanciers hypothécaires du débiteur au détriment des créanciers personnels du tiers détenteur, ceux-ci ne pouvant avoir de droit qu'après les premiers? Pour s'en convaincre, il suffit de lire l'art. 2177 du Code civil, ainsi conçu : « Les créanciers personnels du tiers détenteur, après tous ceux qui sont inscrits sur les précédents propriétaires, exercent leur hypothèque à leur rang sur le bien délaissé ou adjugé. »

Quant à l'argument que tire M. Tarrible de l'art. 682 du Code de procédure civile, il n'a dans l'espèce aucune portée. Cet article, en effet, suppose que la poursuite est dirigée contre le débiteur lui-même, resté en possession et sur lequel la saisie est pratiquée; l'art. 2176 suppose l'expropriation réalisée sur le tiers détenteur ou un curateur. Dans le premier cas, le débiteur n'est dessaisi de la propriété, et par conséquent le gage ne rentre dans les mains des créanciers que par la transcription de la saisie; ce n'est donc qu'à partir de cette époque qu'il perd les fruits qui deviennent un accessoire du gage et en prennent le caractère. Dans le second, le dessaisissement a lieu par l'aliénation de l'immeuble et sa translation entre les mains du tiers détenteur; la transcription de la saisie est un acte indifférent qui ne peut influer en aucune manière sur le sort et le droit des créanciers. Si l'on appliquait les principes rigoureusement, on devrait immobiliser les fruits dès le jour du transfert; mais le législateur a pensé avec raison qu'il fallait concilier la rigueur de ces principes avec les droits d'un propriétaire que rien n'a averti de l'exercice du droit de suite, c'est pourquoi il a décidé que les fruits ne seraient dus qu'à partir de la sommation.

Il en est des intérêts du prix de vente, lorsqu'ils sont dus par l'acquéreur, comme des fruits; ils ne sont dus que du jour de la sommation de payer ou de délaisser.

§ 3. — *Règle relative aux servitudes et autres droits réels que le tiers détenteur avait sur l'immeuble avant sa possession. — Droits de ses créanciers personnels.*

L'art. 2177 établit une troisième règle commune, comme les deux précédentes, au cas où le tiers détenteur délaisse et à celui où, à défaut de délaissement, l'expropriation et l'adjudication ont lieu sur lui. D'après cet article : « les servitudes et droits réels que le tiers détenteur avait sur l'immeuble avant sa possession, renaissent après le délaissement ou après l'adjudication faite sur lui; — ses créanciers personnels, après tous ceux qui sont inscrits sur les précédents propriétaires, exercent leur hypothèque à leur rang sur le bien délaissé. »

Avant de passer au commentaire de cet article, nous ferons remarquer que les deux parties dont il se compose s'appuient sur des principes contradictoires. En effet, la renaissance des droits du tiers détenteur résulte évidemment d'une idée de rétroactivité absolue. Elle suppose que l'immeuble une fois adjugé, le tiers détenteur n'a jamais été propriétaire et qu'il n'est propriétaire d'aucune partie; sans quoi, quelque modeste que fût son droit de propriété, il y aurait confusion et la confusion empêcherait les droits du tiers détenteur de renaître. Au contraire, le droit des créanciers hypothécaires du tiers détenteur, à recueillir le prix de vente après le désintéressement des créanciers du débiteur, suppose que le tiers détenteur est dessaisi seulement par l'adjudication ou le délaissement, sans effet rétroactif, et que c'est son droit précisément qui, par l'adjudication, est transmis à l'adjudicataire. En un mot, la première partie de l'art. 2177 suppose la rétroactivité, la deuxième l'exclut.

Quoi qu'il en soit de cette antinomie, elle est facile à justifier. Lorsque le législateur a édicté la deuxième partie de l'art. 2177, il était dans la vérité juridique, car le tiers détenteur n'est dessaisi que par l'adjudication. En édictant la première, il la violait; mais l'équité exigeait que le tiers détenteur ne fût pas dépouillé de ses droits par un événement qu'il ne pouvait empêcher. Les créanciers, d'ailleurs, ne peuvent s'en plaindre, car ils retrouvent l'immeuble avec les charges même dont il était affecté au moment où leurs propres droits réels s'y sont imprimés.

Il existe une seconde antinomie, mais celle-ci n'est qu'apparente.

La loi, dans cet article, a fixé deux époques à chacune desquelles les droits du tiers détenteur et de ses créanciers peuvent être exercés, savoir, après le délaissement ou après l'adjudication.

Cette fixation disjonctive, dit M. Grenier, ne présente ni superfluité, ni contradiction.

En effet, tous ces droits renaissent d'une manière provisoire, quand le délaissement seul a lieu, car le tiers détenteur peut reprendre l'immeuble jusqu'à l'adjudication, et d'une manière définitive après l'adjudication, car alors le tiers détenteur a perdu tout espoir de recouvrer l'immeuble. Si le législateur permet de les exercer entre le délaissement et l'adjudication, c'est qu'entre ces deux époques il peut s'écouler un certain laps de temps, et qu'ils auraient pu péricliter dans cet intervalle, si on en avait suspendu l'exercice jusqu'à l'époque de l'adjudication.

1° *Renaissance des droits du tiers détenteur après le délaissement ou l'adjudication* (art. 2177-1°).

La première partie de notre art. 2177 fait revivre au profit du tiers détenteur évincé, les servitudes et droits réels qu'il avait sur l'immeuble avant sa possession. Bien qu'il énonce simplement le cas de servitude grevant l'immeuble, on doit admettre, par une juste réciprocité, que si avant la détention par l'acquéreur de l'immeuble hypothéqué, quelques-uns de ses biens étaient grevés de servitudes envers cet immeuble, elles renaîtront au profit du nouvel acquéreur.

Cette règle doit être appliquée, que le détenteur soit devenu propriétaire de la chose par succession, ou qu'il l'ait reçue à titre de dation en paiement. On comprend peut-être avec peine, dans ce dernier cas, la renaissance de l'hypothèque qui appartenait au tiers détenteur avant son acquisition : il y a eu en effet novation, et la novation a dû détruire la créance d'une manière irrévocable. Comment, dès lors, l'hypothèque qui lui sert de garantie peut-elle revivre? *Obligatio semel extincta non reviviscit.* — Cette objection serait fondée, s'il était vrai que la dation en paiement produisît toujours libération; mais, qu'on le remarque avec soin, elle n'éteint l'obligation d'une manière complète qu'autant que l'acquéreur est à l'abri de toute éviction. Si la propriété lui est enlevée, l'obligation n'ayant pas été irrévocablement éteinte renaît, et avec elle l'hypothèque qui en est l'accessoire. C'est ce que Loyseau a très-clairement prouvé au chapitre IV de son livre VI, n°s 14 et 15.

Que décider si pendant la détention de l'acquéreur son inscription se périme?

On a prétendu que le tiers détenteur était dispensé du renouvellement de l'inscription tant qu'il détenait l'immeuble; en effet, *nemini res sua pignori esse potest*. Il serait monstrueux qu'un créancier pût être astreint à prendre inscription sur lui-même. Ne faudrait-il pas au surplus appliquer dans l'espèce la maxime : *contra non valentem agere, non currit præscriptio?*

En second lieu, on invoque l'art. 2177, qui déclare que les servitudes et autres droits renaissent. Donc, par analogie, le droit d'hypothèque du tiers détenteur et l'inscription qui lui donnait la vie, perdus pendant un temps dans le droit de propriété, retrouvent l'existence sitôt que ce droit de propriété est remis en question.

Au premier argument, nous répondons que le créancier acquéreur de l'immeuble hypothéqué à sa créance réunit sur sa tête deux qualités : celle de créancier hypothécaire et celle d'acquéreur. La première le soumet aux obligations imposées à tous créanciers hypothécaires, et la deuxième à toutes les poursuites auxquelles sont exposés les tiers détenteurs. La réunion sur la même tête de ces deux qualités n'affranchit pas le créancier acquéreur des obligations imposées à chacune d'elles.

Dans l'espèce, le tiers acquéreur doit veiller à tout ce qui concerne sa créance, afin de la faire valoir, si son acquisition est annulée ; il doit s'y attendre, puisque ne purgeant pas, il est exposé à une dépossession. Il ne peut donc pas dire : *nemini res sua pignori esse debet*, puisqu'il est propriétaire sous condition résolutoire, qu'il peut être censé n'avoir jamais été propriétaire : *resoluto jure dantis, resolvitur jus accipientis.*

Quant à l'argument tiré de la maxime : *Contra non...*, etc., il suffit de répondre avec M. Troplong : « Le créancier acquéreur pouvait renouveler son inscription sous un double rapport : d'abord, parce que la créance n'étant pas *irrévocablement* éteinte, il y avait un débiteur sur la tête duquel l'inscription pouvait être assise ; de plus, parce que l'immeuble n'étant que conditionnellement dégagé, était susceptible d'inscription pour la conservation d'un droit conditionnel (1). »

L'argument tiré de l'art. 2177 semble plus spécieux. Mais il est évident que lorsque la loi nous dit dans cet article què les droits réels renaissent, c'est à la condition qu'ils subsistent par eux-mêmes, ou que les formalités ordinaires qui les vivifient soient scrupuleusement remplies. Or, la loi exige l'inscription comme formalité constitutive de l'hypothèque ; sans elle, le créancier ne peut ni suivre l'immeuble, ni obtenir une collocation dans l'ordre (art. 2166). Le tiers acquéreur ne pouvait donc en être dispensé dans l'espèce.

Ce qui nous confirme dans notre opinion, c'est que dans l'ancienne jurisprudence, c'était la doctrine dominante, ainsi que l'explique Pothier : « Lorsque quelqu'un, dit-il, pour purger les hypothèques de son vendeur, fait décréter sur lui l'héritage dont il se rend adjudicataire par le décret volontaire qu'il en fait faire, il doit s'opposer au décret qu'il fait faire sur lui, pour les créances hypothécaires qu'il avait lui-même contre son vendeur et en paiement desquelles l'héritage lui a été vendu (2). »

(1) *Voy.* M. Troplong (t. III, chap. IV, n° 726 *bis*).

(2) *Voy.* Pothier, Procéd. civ., p. 262.

Cette opinion a d'autant plus de poids qu'elle se manifestait sous une législation où régnait la clandestinité, et dans laquelle, en conséquence, on aurait dû être moins rigoureux pour la révélation des droits hypothécaires que sous une autre législation où la publicité est exigée (1).

2° *Droits des créanciers personnels du tiers détenteur sur l'immeuble hypothéqué* (art. 2177-2°).

Il peut arriver que le tiers détenteur hypothèque l'immeuble qu'il a acquis, car il est propriétaire. Quel sera le sort de cette hypothèque, s'il vient à être dépouillé de l'immeuble par suite de l'expropriation.

Les créanciers personnels du tiers détenteur, nous dit l'art. 2177, exercent leur hypothèque à leur rang sur le bien délaissé ou adjugé, mais seulement après ceux qui sont inscrits sur les précédents propriétaires. Cet article assure ainsi la prééminence aux créanciers hypothécaires du vendeur. C'est la conséquence nécessaire du système consacré par le Code civil, savoir, que la vente purge toutes les hypothèques non inscrites. Sous ce système, l'inscription des créanciers du vendeur, pour être efficace, devait être prise avant l'aliénation, et par conséquent précéder celle des créanciers de l'acquéreur. Il n'est donc pas étonnant que le Code, appliquant la règle qui fixe l'ordre des hypothèques d'après la date des inscriptions, mette au premier rang les créanciers du vendeur inscrits avant l'aliénation.

Mais le Code de procédure de 1807 vint apporter quelques modifications au système du Code civil. D'après son art. 834, les créanciers privilégiés et hypothécaires du vendeur pouvaient s'inscrire jusqu'à la transcription de

(1) *Sic.*, Paris, 21 août 1862 (Sir., 62, 2, 545). — MM. Aubry et Rau (t. II, p. 819, note 18).

l'acte de vente et même dans la quinzaine de cette transcription. La lutte devenait alors possible entre les créances établies successivement sur le même immeuble, par deux propriétaires différents. Il pouvait se faire que les créanciers du vendeur, usant du délai que leur accordait la loi, s'inscrivissent postérieurement aux créanciers de l'acquéreur. Qui devait alors l'emporter?

Quelques auteurs, entre autres MM. Tarrible et Troplong, se rattachant au principe de l'art. 2134, d'après lequel l'hypothèque *entre créanciers* n'a de rang que du jour de l'inscription, donnaient la préférence aux créanciers personnels du détenteur (1).

MM. Persil et Dalloz, au contraire, pensent, et avec raison, croyons-nous, que les créanciers du précédent propriétaire devaient toujours l'emporter (2). L'art. 2177 appelle, disent-ils, au premier rang tous ceux qui sont inscrits sur les précédents propriétaires. Le vendeur, en aliénant l'immeuble hypothéqué, n'a pu le transmettre qu'avec l'affectation des charges dont il était grevé; or, d'après l'art. 834 du Code de procédure, les privilèges et hypothèques ont toute leur efficacité, s'ils sont inscrits dans la quinzaine de la transcription. Le système contraire permettrait à un tiers détenteur de mauvaise foi de détruire, en créant des hypothèques à profusion, l'effet de la faveur accordée par l'art. 834 aux créanciers du vendeur, qui ne sont pas inscrits au moment de la vente.

Aujourd'hui, depuis la loi du 23 mars 1855, la question se présente sous un autre aspect.

(1) *Voy.* MM. Tarrible, *Rép.* (V° Ord., § 2, n° 3); Troplong (t. III, n° 843).

(2) *Voy.* MM. Persil (art. 2177, n° 2), Dalloz (V° *Priv. et Hyp.*, p. 343, n° 12).

Primus constitue une hypothèque à Secundus, et vend l'immeuble hypothéqué à Tertius; Tertius hypothèque le même immeuble à Quartus, qui fait inscrire son droit. Quelque temps après, Secundus prend à son tour inscription; quant à la transcription, elle n'a pas lieu. Secundus sera-t-il primé par Quartus?

Cette question s'est présentée devant la Cour d'Aix et a été résolue affirmativement (15 pluviôse an XIII et sur pourvoi, Req., 13 brumaire an XIV). On était alors sous l'empire de la loi de brumaire an VII, dont les principes en cette matière étaient les mêmes que ceux de la loi du 23 mars 1855.

La Cour d'Aix s'appuie sur un argument unique tiré de l'art. 2134 : entre créanciers, c'est la date des inscriptions qui sert à déterminer le rang. Oui, répondrons-nous, cela est vrai en thèse générale, et lorsqu'il s'agit d'inscriptions également valables et régulières; mais non, lorsque, comme dans l'espèce ci-dessus, le créancier de l'acquéreur ne pouvait utilement s'inscrire au regard des créanciers du vendeur, qu'après la transcription du contrat de vente. Jusqu'à cette époque, l'acquéreur n'était pas réputé propriétaire à l'égard des créanciers de son vendeur, et par suite ne pouvait conférer d'hypothèque qui pût leur préjudicier.

M. Troplong, en son Commentaire sur la loi du 23 mars 1855, n° 168, cherche à justifier la décision de la Cour d'Aix, en disant qu'on ne concevrait pas que les créanciers de l'ancien propriétaire, qui avaient négligé l'exercice de leur droit, en n'inscrivant pas leur hypothèque, pussent être préférés aux créanciers de l'acquéreur, qui avaient obéi à la loi en exerçant le leur. Dans la pensée de M. Troplong, par conséquent, les créanciers du vendeur ne faisaient que supporter la juste peine de leur négligence : *vigilantibus jura subveniunt*. Mais est-ce que l'acquéreur ou le créancier hypothécaire qui peut exercer ses droits, n'a pas de son côté une négligence à s'imputer, quand il ne fait pas transcrire son contrat? La loi, d'ailleurs, a déterminé elle-même quelles seraient, pour les créanciers antérieurs à la vente, les conséquences du retard qu'ils apporteraient à faire inscrire leur hypothèque, et il n'est pas permis d'aller au-delà. Le danger auquel ils s'exposent, c'est de perdre leur hypothèque, si elle n'est pas inscrite avant la transcription de l'acte de vente. Mais la loi n'a pas dit qu'il en serait de l'inscription prise sur l'acquéreur par un créancier hypothécaire de ce dernier comme de la transcription, qu'elle emporterait déchéance contre les créanciers de l'ancien propriétaire, du droit d'inscrire ou préférence sur eux. Au reste, si les créanciers hypothécaires de l'acquéreur veulent éviter les inconvénients qui pourraient résulter pour eux de notre système, il leur suffit, avant de contracter, de s'assurer que le contrat est transcrit. Ils sauront par là même que leur débiteur est propriétaire incommutable, qu'aucune inscription ne pourra se produire du chef d'anciens propriétaires, et ils éviteront de la sorte tout conflit.

Quid maintenant des servitudes constituées sur l'immeuble par le tiers détenteur délaissant ?

Dans l'ancien droit, il était de principe que le délaissant devait remettre l'héritage dans l'état où il se trouvait à l'époque de la demande. Ce n'est qu'autant que ces servitudes avaient été constituées depuis la demande qu'elles n'étaient pas opposables aux créanciers hypothécaires.

Dans notre droit, il ne peut en être de même; le délaissant, quoique propriétaire, n'a pu porter préjudice aux créanciers inscrits. Si cependant le tiers détenteur consent à indemniser les créanciers hypothécaires de la valeur dont l'immeuble a été diminué par suite de la servitude, nous pensons que celle-ci doit être maintenue, car alors les créanciers du précédent propriétaire ne peuvent se plaindre d'aucun dommage.

§ 4. — *Recours en garantie du tiers détenteur contre le débiteur principal.*

D'après l'art. 2178, « le tiers détenteur qui a payé la dette hypothécaire, ou délaissé l'immeuble hypothéqué, ou subi l'expropriation de cet immeuble, a le recours en garantie tel que de droit contre le débiteur principal. »

Cette disposition, comme on le voit, est plus générale que les précédentes. La loi, en effet, se préoccupe des trois partis que peut prendre le tiers détenteur contre lequel le droit de suite est exercé, et, dans tous les cas, consacre en sa faveur le droit de recourir contre le débiteur principal.

Ce n'est pas sans dessein, dit M. Tarrible, que ces dernières expressions, *tel que de droit*, ont été ajoutées : elles ont pour but d'indiquer les diverses nuances que la garantie peut prendre, selon la nature du titre qui avait conféré l'immeuble au tiers détenteur (1).

Supposons d'abord que le titre soit onéreux, tel qu'une vente. Si l'acheteur paie la dette, il sera subrogé aux droits du créancier et exercera sa répétition contre le vendeur. S'il délaisse ou subit l'expropriation, la garantie pourra être exercée dans toute sa plénitude, suivant les principes établis au titre de la vente. Elle s'étendra non seulement à la valeur actuelle de l'immeuble, mais encore aux dommages-intérêts que le vendeur doit naturellement à l'acquéreur, ainsi qu'aux frais et loyaux coûts du contrat (art. 1630).

(1) *Voy.* M. Tarrible, *Rép.* (v° Tiers détent., n° 15).

Le tiers détenteur bénéficiera également de la disposition de l'art. 1631, ainsi conçu : « Lorsqu'à l'époque de l'éviction, la chose vendue se trouve diminuée de valeur ou considérablement détériorée soit par la négligence de l'acheteur, soit par des accidents de force majeure, le vendeur n'en est pas moins tenu de restituer la totalité du prix. » C'est l'application du principe de Pothier, savoir, que l'acquéreur est le maître de faire de son héritage ce que bon lui semble, qu'il peut le négliger ou le dégrader : *Qui rem quasi suam neglexit, nulli querelæ subjectus est.*

Ajoutons que si le vendeur n'était pas le débiteur de la dette, l'acheteur aurait en outre une action *negotiorum gestorum* contre le débiteur dont il aurait fait l'affaire.

L'étendue du recours en garantie dépend-elle, comme dans l'ancienne jurisprudence, de la dénonciation au vendeur des poursuites hypothécaires, avant le délaissement ou au moins avant la vente par adjudication ?

Loyseau et Pothier décidaient que lorsque le trouble n'avait pas été dénoncé au vendeur, celui-ci ne devait pas les dommages-intérêts, mais seulement la restitution du prix (1). Nous ne croyons pas que cette distinction soit admissible aujourd'hui. Le vendeur, en effet, est nécessairement averti, par un commandement, des poursuites que les créanciers vont exercer. C'est là une dénonciation suffisante pour le mettre en demeure d'acquitter la dette, s'il en a l'intention ou la faculté. Il ne peut donc plus faire valoir comme excuse qu'il aurait fait cesser le trouble en payant, si ce trouble lui eût été dénoncé.

Quid si le titre est lucratif ? Il est constant, pour nous, que si un donataire a payé la dette hypothécaire, il a né-

(1) *Voy.* Loyseau, *du Déguerp.* (liv. VI, chap. VII, n° 1); Pothier, *de l'Hyp.* (chap. II, sect. 1, art. 3).

cessairement son recours contre le donateur. En effet, le donataire n'est pas tenu personnellement au paiement des dettes, il doit être assimilé au légataire; on peut donc lui appliquer l'art. 874 et décider que, comme le légataire particulier qui a payé la dette dont l'immeuble était grevé, il demeure subrogé aux droits du créancier contre le donateur lui-même. Cela résulte plus particulièrement du paragraphe 3 de l'art. 1251, qui dit que la subrogation a lieu de plein droit, au profit de celui qui étant tenu avec d'autres ou pour d'autres au paiement de la dette avait intérêt à l'acquitter.

Mais, objecte-t-on, le donateur n'est pas tenu à la garantie des choses données : *nemini beneficium debet esse damnosum*.

Ce n'est pas, répondrons-nous avec M. Persil, par l'action en garantie que le donataire peut agir contre le donateur, car elle lui est refusée; mais c'est parce qu'il a payé pour lui, c'est parce qu'il est subrogé dans tous les droits du créancier. Et il y a cette différence entre ces deux actions, que s'il agissait par voie de garantie, il pourrait exiger une indemnité pleine et parfaite, tandis qu'en actionnant le débiteur comme créancier subrogé, il ne peut répéter que ce qu'il a payé pour lui (1).

Il en est de même lorsqu'étant dans l'impossibilité de payer la dette hypothécaire, il a délaissé l'immeuble ou en a subi l'expropriation. Il n'aura point dans ce cas d'action en garantie, il ne pourra pas se faire indemniser de la perte que lui fait éprouver le délaissement ou l'expropriation de l'immeuble. Mais il aura payé une dette à laquelle il n'était pas personnellement obligé, il sera subrogé

(1) *Voy.* M. Persil, *Rég. hyp.*, art. 2178, n° 3.

aux droits du créancier, ce qui lui donnera le droit de répéter tout ce que le créancier aurait pu exiger du donateur.

Il existe toutefois certains cas déterminés par la loi, dans lesquels le donateur doit garantir au donataire, notamment la constitution de dot. Il est évident que dans ces cas spéciaux, le donataire aura l'action en garantie.

SECTION II.

EXCEPTIONS QUE PEUT OPPOSER LE TIERS DÉTENTEUR AU CRÉANCIER QUI LE POURSUIT.

Nous avons vu, dans la première section de ce chapitre, que le tiers détenteur qui ne purge pas peut éviter l'expropriation, en payant la totalité de la dette hypothécaire ou en délaissant l'immeuble hypothéqué. Mais s'il ne veut pas user de cette faculté qui lui est accordée par la loi, devra-t-il toujours et nécessairement subir l'expropriation forcée? Non, le tiers détenteur peut encore, selon les circonstances, l'écarter provisoirement ou définitivement, en opposant certaines exceptions que nous allons étudier dans cette seconde section.

Pothier en comptait cinq :

1° L'exception de discussion;

2° L'exception à raison des impenses faites à l'héritage;

3° L'exception à raison des hypothèques antérieures que le tiers détenteur peut avoir sur le même héritage;

4° L'exception de garantie;

5° L'exception appelée *cedendarum actionum*.

Nous verrons si sur ces cinq il n'y a pas lieu d'en retrancher aujourd'hui quelques-unes.

ARTICLE 1.

Exception de discussion.

Cet article comprendra quatre paragraphes. Nous nous demanderons :

1° En quoi consiste l'exception de discussion, son motif, son origine ;

2° Quelles en sont les conditions;

3° Dans quelle forme elle doit être opposée;

4° Enfin quels en sont les effets.

§ 1. — *En quoi consiste l'exception de discussion, son motif, son origine.*

L'exception de discussion est une exception que le tiers détenteur peut opposer au créancier poursuivant, et par laquelle il lui demande de discuter préalablement les biens hypothéqués à la même dette et qui sont en la possession du principal ou des principaux obligés.

En principe, le créancier hypothécaire peut diriger les poursuites sur chacun des biens affectés à l'acquittement de sa créance ; mais on a pensé qu'il était équitable d'apporter une modification à ce droit rigoureux, et de contraindre le créancier à s'adresser d'abord au débiteur, qui doit en définitive supporter le fardeau de la dette. D'une part, en effet, on évite les recours qui pourraient appartenir au tiers détenteur et on lui assure la possession de l'immeuble. D'autre part, le créancier en éprouve un léger préjudice. Que lui importe, en effet, d'être payé sur le prix de tel ou tel bien ? S'il n'est pas complétement désintéressé par suite de la discussion, il peut toujours revenir contre le tiers détenteur.

Cette exception n'existait pas dans l'ancien droit Romain. Le créancier, après avoir mis le débiteur en demeure de payer par une sommation, était maître d'actionner à son gré ou le débiteur principal ou les cautions, ou d'agir sur les hypothèques (L. 10 et 24, C., *De pign. et hyp.*). C'est la Novelle IV de Justinien qui l'introduisit dans cette législation.

Dans notre ancienne jurisprudence, l'exception de discussion fut admise, mais non universellement; quelques coutumes la rejetèrent. Celle d'Orléans l'admit, sauf dans un cas, celui d'une hypothèque constituée pour le service d'une rente (1). Néanmoins, Loyseau enseigne que le droit commun était qu'il fallait discuter l'obligé principal, et que la Novelle IV devait être suivie dans les coutumes muettes, comme étant plus conforme à l'équité (2).

La loi de brumaire an VII abolit la discussion, cette abolition peut s'expliquer par ce qui se pratiquait dans les pays de nantissement. Sous l'empire des coutumes de nantissement, nous dit Loyseau, le bénéfice de discussion n'avait pas lieu, par la raison que le créancier était considéré comme ayant en quelque manière la possession de la chose, au moyen des formalités requises pour le nantissement. Or, ayant une possession feinte et civile de la chose, on ne pouvait le repousser du droit de suite par l'exception de discussion, l'aliénation faite par le débiteur n'ayant pu le déposséder. Ces raisons qui avaient crédit dans les pays de nantissement expliquent l'abolition faite par la loi de brumaire an VII, car les formalités de l'inscription ont beaucoup de rapport avec celles du nantissement. On pouvait

(1) *Voy.* Pothier, introd., cout. d'Orléans, n° 35.
(2) *Voy.* Loyseau, liv. 3, chap. 8, n°s 5 et 6, n° 11.

dès lors les considérer comme constituant au profit du créancier une sorte de prise de possession excluant toute exception dilatoire.

Quoi qu'il en soit, le Code civil a rétabli l'exception de discussion ; nous allons voir à quelles conditions.

§ 2. — *Conditions de l'exception de discussion.*

1° *Le tiers détenteur ne doit pas être personnellement obligé au paiement de la dette.*

L'art. 2170 nous dit que tout tiers détenteur obligé personnellement à la dette ne peut opposer l'exception de discussion. C'est que, comme le délaissement, la discussion suppose nécessairement que les créanciers n'ont d'action contre lui qu'à cause de la chose. Le législateur trouve juste et en même temps utile pour tous, de commencer à exproprier celui qu'un lien personnel attache aux créanciers.

Nous ne reviendrons pas sur les détails que nous avons donnés, quand nous recherchions, à propos du délaissement, quels étaient les tiers qui au titre de détenteur réunissaient celui de débiteur ; tout ce que nous avons dit alors est applicable ici. Il existe cependant certains cas sur lesquels, relativement au bénéfice de discussion, il y a doute et controverse. Nous allons les examiner brièvement.

Supposons d'abord que le tiers détenteur se soit porté caution du débiteur ou ait simplement donné une hypothèque pour sûreté de la dette. Doit-on le regarder comme personnellement obligé?

Dans le deuxième cas, la solution n'est pas douteuse. On ne peut pas dire, en effet, que la personne soit engagée quand l'immeuble seul répond. Il y a, en outre, un autre motif pour refuser le bénéfice de discussion : c'est que, comme nous le verrons, l'exception ne peut être invoquée contre le créancier ayant hypothèque *spéciale*, et que toute hypothèque conventionnelle a nécessairement ce caractère.

Dans le premier cas, la solution est plus délicate. Nous avons admis que la caution qui s'est rendue acquéreur d'un immeuble hypothéqué du débiteur dont elle garantit la dette, ne peut délaisser comme étant personnellement obligée. Doit-il en être de même pour l'exception de discussion ?

Quelques auteurs tenant la négative, prêtent à la caution, en présence du créancier qui la poursuit, le raisonnement suivant : En quelle qualité, suis-je poursuivie ? Est-ce comme caution, comme débiteur personnel ? Je vous oppose alors le bénéfice de discussion, dont je jouis en ma qualité de caution, conformément à l'art. 2021. Est-ce comme tiers détenteur ? J'invoque alors le bénéfice de discussion, qui est accordé au tiers détenteur par l'art. 2170 (1).

Nous croyons plus juridique d'adopter l'opinion contraire. Dans l'espèce, en effet, il faut écarter l'art. 2021 qui n'a trait qu'au cas où la poursuite du créancier s'exerce sur les biens personnels de la caution. Ici, l'immeuble qu'elle a acheté est grevé, il est le gage des créanciers, leur droit paralyse et tient en échec celui du tiers détenteur. Le créancier lui dira donc : si je vous poursuis, c'est comme tiers détenteur et uniquement à cause de l'immeuble que vous détenez, lequel est mon gage ; conséquemment, vous ne pouvez invoquer l'art. 2021.

Si, vaincue sur ce terrain, la caution veut invoquer l'art. 2170, le créancier l'arrêtera encore et lui dira : Cet article que vous invoquez vous échappe comme l'art. 2021,

(1) *Voy.* M. Mourlon (*Répét. écrit.*, t. III, p. 517).

et même il vous condamne ; car, s'il accorde le bénéfice de discussion au tiers détenteur, c'est à la condition expresse que ce tiers détenteur ne soit pas *personnellement obligé à la dette*. Or, la condition défaille en votre personne, puisque en même temps que vous êtes tenu *réellement* à cause de l'immeuble dont vous êtes détenteur, vous êtes tenu *personnellement* à cause du cautionnement que vous avez consenti. Vous ne pouvez donc invoquer l'art. 2170.

C'est, au reste, l'opinion de MM. Persil, Troplong, Pont, Aubry et Rau (1).

Supposons maintenant que le débiteur laisse plusieurs héritiers, on sait que chacun d'eux n'est tenu *personnellement* que pour sa part héréditaire (art. 873 et 875, Code civ.) ; faut-il en conclure qu'un de ces héritiers, détenteur d'un immeuble hypothéqué à une dette du défunt, pourra, en offrant au créancier la somme pour laquelle il est tenu de contribuer dans cette dette, s'opposer à la vente du fonds qu'il détient pour le paiement du surplus, jusqu'après discussion sur ses cohéritiers, des autres immeubles hypothéqués à la même dette ? La question est des plus controversées.

Il résulte des principes professés par Loyseau que l'héritier ne peut ni délaisser, ni s'opposer à la vente par l'exception de discussion : « Faut pareillement observer, dit-il, que cette discussion qui a été introduite en faveur du possesseur étranger, n'a point lieu à l'égard de l'un des héritiers de l'obligé, qui quant et quant serait détempteur de la chose hypothéquée, bien qu'il offrît de payer, même qu'il eût payé à part sa portion héréditaire (2). » C'était également la doctrine de

(1) *Voy.* MM. Persil (art. 2170, n° 2) ; Troplong (n° 797) ; Pont (n° 1160) ; Aubry et Rau (t. III, § 287, note 17).

(2) *Voy.* Loyseau, liv. III, chap. VIII, n° 13, et chap. II, n° 4.

Favre et de Despeisses. — Pothier, d'accord avec Lebrun, enseigne que le cohéritier tiers détenteur, qui a payé sa part, peut délaisser, mais ne peut invoquer le bénéfice de discussion.

Dans la jurisprudence moderne, MM. Chabot, Grenier et Troplong prétendent qu'il peut délaisser et invoquer le bénéfice de discussion. M. Dalloz, au contraire, adopte l'opinion de Pothier.

Pour nous, nous pensons que l'héritier, détenteur de l'un des immeubles hypothéqués par le défunt, se trouvant personnellement obligé à la dette, n'est pas recevable à opposer au créancier l'exception de discussion, sous l'offre du paiement de sa part. En effet, aux termes de l'art. 1221 (1° et al. 2), le créancier hypothécaire, lorsqu'il poursuit l'héritier, a le droit d'exiger de lui le montant intégral de la dette et ne peut être forcé à recevoir un paiement partiel. Par suite, tant que cet héritier ne lui offrira que sa part héréditaire dans la dette, il peut la refuser et le forcer ainsi à rester obligé personnel, ce qui l'empêchera d'opposer le bénéfice de discussion. Si, toutefois, le créancier avait volontairement accepté le paiement de la part personnelle de l'héritier, l'application de l'art. 1221 devrait être écartée, et le détenteur n'étant plus un obligé personnel, pourrait très-bien, dès lors, opposer le bénéfice de discussion (1).

2° *L'exception de discussion ne peut être opposée au créancier privilégié ou ayant hypothèque spéciale sur l'immeuble* (art. 2171).

L'exception de discussion, dit l'art. 2171, ne peut être opposée au créancier privilégié. Il ne distingue pas, comme pour les hypothèques, entre les priviléges généraux et les

(1) Voy. MM. Aubry et Rau, t. II, § 287-2°.

priviléges spéciaux; mais, en réalité, c'est une application de la règle établie par rapport aux créanciers hypothécaires, que nous expliquerons tout-à-l'heure, puisque les priviléges sur les immeubles sont presque tous des priviléges spéciaux. Il n'en est autrement qu'à l'égard des priviléges de l'art. 2101, qui grèvent subsidiairement la généralité des immeubles; encore cette disposition de la loi, qui ne permet pas au tiers détenteur de paralyser dans les mains des créanciers l'exercice de leur droit de suite, est-elle suffisamment justifiée par la faveur que le législateur y attache et le peu d'importance des créances qu'ils garantissent.

Quant aux créanciers hypothécaires, ceux-là seuls souffriront de l'exception de discussion qui ont une hypothèque *générale ;* car, dit l'art. 2171, on ne peut l'invoquer contre le créancier ayant une hypothèque *spéciale* sur l'immeuble. C'est que l'hypothèque spéciale naît de la convention et que la convention fait la loi des parties.

Quid par hypothèque spéciale?

Ce sont d'abord toutes les hypothèques conventionnelles. Et elles sont spéciales, non seulement dans le cas où elles auront été constituées dans les termes ordinaires, mais encore dans le cas exceptionnel de l'art. 2130, où l'hypothèque doit s'étendre à des biens à venir, en cas d'insuffisance des biens présents. Si, en effet, dans ce dernier cas, l'hypothèque est générale au point de vue de sa constitution, puisqu'elle frappe tous les immeubles, elle est spéciale au point de vue de l'inscription, puisque le créancier est obligé de prendre une inscription particulière sur chaque immeuble acquis par le débiteur, à la différence du créancier à hypothèque légale ou judiciaire qui conserve, par une seule inscription, son hypothèque sur tous les immeubles que le débiteur acquiert dans le ressort du bureau où l'inscription a été prise (1).

Sont encore spéciales les hypothèques légales et judiciaires réduites dans les termes des art. 2140, 2161 et suivants. Il faut toutefois distinguer, au point de vue qui nous occupe, si la réduction a eu lieu par voie de *spécialisation* ou par voie de *dégrèvement*. Dans le premier cas, on indique que tels et tels immeubles demeureront affectés, ils sont désignés nominativement, et bien que non soumis à l'inscription, la convention les marque du caractère de spécialité. Le tiers détenteur d'un de ces immeubles grevés ne peut donc arrêter le droit de suite. Dans le deuxième cas, au contraire, il est convenu ou ordonné que tels et tels immeubles demeureront affranchis, les immeubles qui restent affectés ne seront pas complétement spécialisés, la convention ne les ayant pas déterminés comme dans le cas précédent; l'exception de discussion pourra dès lors être opposée.

Quid de l'hypothèque conférée au légataire par l'art. 1017? Cette hypothèque, quoique légale, est cependant spéciale, car elle ne frappe que les immeubles recueillis par l'héritier dans la succession. L'exception de discussion ne pourra donc être opposée au légataire. — Il en est de même des hypothèques dont parle l'art. 2113.

Lorsque le créancier n'exerce pas la véritable action hypothécaire, qu'il ne fait qu'user de l'action en déclaration d'hypothèque, interruptive de prescription, le bénéfice de discussion ne peut être invoqué. Le créancier, en effet, ne poursuit pas le paiement, et par conséquent, il n'y a pas à attaquer les biens de l'un plutôt que ceux de l'autre. C'est

(1) *Voy.* MM. Persil (art. 2171, n° 4); Duranton (t. XX, n° 250); Zachariæ (t. II, p. 209, note 21); Pont (n° 1161). — *Voy.* en sens contraire : MM. Tarrible (*Rép.*, v° Tiers détenteur, § 8); Grenier (n° 326).

du reste ce qu'a décidé un arrêt de la Cour de Cassation du 2 mars 1830.

En est-il de même lorsque l'hypothèque a été constituée, à la charge que le créancier ne sera pas tenu à la discussion d'autres biens? Quelques-uns l'ont pensé, mais à tort, car la renonciation du débiteur à la discussion ne peut préjudicier à l'acquéreur qui n'était pas partie à cette renonciation. Nul ne peut renoncer qu'à un droit acquis en sa faveur. Or le bénéfice de discussion n'a pas été introduit en faveur du débiteur, c'est un secours accordé au tiers détenteur; lui seul peut donc y renoncer.

Quant à l'acquéreur qui aurait, suivant l'art. 2183, notifié son contrat d'acquisition avec offre de payer son prix, il ne pourrait, croyons-nous, invoquer l'exception de discussion : car en purgeant ou en commençant à purger, il y a renoncé implicitement. En outre, comme le dit la Cour de Rennes dans un arrêt du 31 août 1810 : « Il résulte de l'insertion de l'art. 2170 du Code civil, à la suite des art. 2167, 2168 et 2169 qui règlent les obligations du tiers détenteur qui ne remplit pas les formalités prescrites pour purger sa propriété, que la faveur de la discussion préalable des autres immeubles restés en possession du vendeur est limitée aux cas que ces articles ont précisés; s'il eût été dans l'intention du législateur de l'étendre même au bénéfice de l'acquéreur, qui a fait les suites nécessaires pour purger son contrat, il s'en fût formellement exprimé au chap. VIII, comme il l'avait fait au chap. VI. »

3° Il doit exister d'autres immeubles hypothéqués à la même dette dans la possession du principal ou des principaux obligés.

En droit Romain et dans notre ancienne jurisprudence, le détenteur pouvait demander que le créancier discutât tous les biens du débiteur ou de la caution, tant les meubles que les immeubles, les biens non hypothéqués comme les biens hypothéqués.

Sous le Code, le créancier ne peut être contraint de discuter que les *immeubles sur lesquels il a une hypothèque et qui sont restés en la possession du principal ou des principaux obligés*. Deux conditions sont donc requises pour qu'il y ait lieu à l'exception de discussion.

Il faut avant tout qu'il existe d'autres immeubles hypothéqués à la même dette. Il est facile de comprendre que le créancier ne peut être forcé d'aller discuter, même provisoirement, soit un riche mobilier, soit des immeubles non soumis à son hypothèque. Il n'arriverait en effet qu'au marc le franc, en concours avec tous les autres créanciers, alors qu'il a stipulé un gage affecté spécialement à sa créance, et dont le produit lui sera attribué par préférence à tous autres.

Il faut, en second lieu, que ces immeubles hypothéqués à la même dette soient en la possession du principal ou des principaux obligés ; s'ils étaient entre les mains d'autres détenteurs, il n'y aurait pas lieu à discussion. En effet, la position de tous les tiers détenteurs est égale : si on accordait l'exception de discussion à l'un d'eux, tous pourraient l'invoquer, de sorte que le créancier ne trouverait plus personne pour lui répondre.

Mais quelle est la portée des mots *principaux obligés* dont se sert le législateur ? Comprennent-ils non seulement les codébiteurs du principal obligé, mais encore la caution qu'a fourni une hypothèque pour sûreté de son engagement personnel, et le tiers qui a constitué une hypothèque sans s'obliger personnellement ? Sur ces deux points, il y a controverse.

Suivant MM. Troplong, Pont et Zachariæ, la caution serait comprise au nombre des personnes que l'art. 2170 qualifie de *principaux obligés*. C'est aussi l'opinion de Favre, Loyseau, Despeisses, dans l'ancienne jurisprudence. Pour ces auteurs, la caution est bien débiteur accessoire par rapport au débiteur direct, mais elle est débiteur principal ou principalement obligée par rapport au tiers détenteur, car tandis qu'il n'est tenu que *propter rem*, elle est obligée *personnellement*, c'est-à-dire sur tous ses biens indistinctement (1).

Cette interprétation des mots *principaux obligés* répugne au sens naturel et ordinaire de ces expressions. La caution n'est pas un obligé principal, puisqu'elle ne doit pas pour elle-même et qu'elle n'est tenue qu'accessoirement de la dette d'autrui. D'ailleurs, si, comme cela n'est pas contestable, les termes *le principal obligé* ne peuvent s'entendre que du débiteur lui-même, on ne saurait admettre que le législateur ait voulu, en donnant aux mots *les principaux obligés* un sens plus étendu, y comprendre des personnes qui, comme la caution, ne seraient pas tenues de la dette pour elles-mêmes. Cette doctrine serait en contradiction manifeste avec les art. 1251 et 2037, desquels il résulte que la caution qui a payé la dette est subrogée aux *priviléges* et *hypothèques* du créancier. La subrogation lui fait acquérir l'hypothèque qui assure l'exécution de l'obligation ; elle peut l'exercer comme l'aurait pu faire l'ancien créancier auquel elle a succédé, tant sur des immeubles possédés par des tiers que sur ceux restés en la possession du débiteur. Le tiers détenteur ne peut donc, en

(1) *Voy.* MM. Troplong (t. III, n° 800 *bis*) ; Pont (n° 1161) ; Zachariæ (§ 287, note 18). — *Voy.*, en sens contraire, MM. Persil (art. 2170, n° 2) ; Ponsot (*du Cautionnement*, p. 331) ; Dalloz (*Rép.*, v° Priv. et hyp., n° 1917).

opposant l'exception de discussion, rejeter sur la caution le fardeau de la dette qu'il doit supporter. Quant à l'opinion de Favre, Loyseau, Despeisses, invoquée par M. Troplong et ses partisans, elle nous touche peu; ils écrivaient, en effet, sous les lois Romaines, et la Novelle IV avait étendu aux cautions le bénéfice de discussion, qui n'était donné dans l'origine au tiers détenteur que contre le débiteur principal et ses héritiers.

A l'égard du tiers qui a constitué une hypothèque sans s'obliger personnellement, nous donnerons et à plus forte raison la même solution : on ne peut pas dire que la personne est engagée quand l'immeuble seul répond de la dette. Cette opinion est du reste aujourd'hui généralement admise.

§ 3. — *Formes de l'exception de discussion.*

D'abord l'exception de discussion doit être requise par le tiers détenteur, le juge ne peut l'ordonner d'office; et, comme elle est purement dilatoire, elle doit être proposée *sur les premières poursuites* (art. 2022, C. civ.).

Mais quel est l'acte qu'il faut considérer comme constituant les premières poursuites?

D'après quelques auteurs, et notamment d'après M. Troplong, ce serait la sommation faite au tiers détenteur de délaisser ou de payer, parce que cette sommation tient lieu de commandement et sert de point de départ à la poursuite en expropriation.

Pour nous, nous pensons avec MM. Aubry et Rau que la sommation de payer ou de délaisser n'est point elle-même un acte de poursuite, mais un simple préliminaire de la poursuite qui ne se réalise que par la saisie, et comme celle-ci n'est censée connue du saisi que par la dénonciation qui doit lui en être faite, c'est à partir seulement de cette dénonciation que le tiers détenteur se trouve légalement constitué en demeure de faire valoir son exception de discussion (1).

Le tiers détenteur doit en outre avancer les deniers suffisants pour faire la discussion (art. 2023). Il n'est pas toutefois nécessaire, bien que la Cour de Bordeaux l'ait jugé dans un arrêt du 6 août 1833, qu'il fasse préalablement des *offres réelles* de la somme nécessaire pour qu'il soit recevable dans sa demande (2); cette prescription n'est écrite nulle part dans la loi. C'est au créancier de mettre en demeure le tiers détenteur de faire cette avance de frais à laquelle il est tenu, et faute par celui-ci d'obtempérer à l'injonction, de faire rejeter sa demande.

Enfin, il doit indiquer les biens à discuter, et ces biens ne doivent être ni litigieux, ni situés hors du ressort de la Cour d'appel où le paiement doit être fait (art. 2023).

Ce dernier point est cependant contesté. On fait remarquer que si l'art. 2170 renvoie au titre *du cautionnement*, c'est uniquement pour déterminer non pas quels biens sont soumis à l'exception de discussion, mais la *forme* dans laquelle elle doit être exercée. — Cette opinion ne nous semble pas admissible. Le mot *forme* doit être pris dans un sens large. Si le législateur a dit que la discussion serait requise *suivant la forme réglée au titre du cautionnement*, il a entendu exprimer qu'elle le serait avec les conditions mentionnées dans ce titre ou, du moins, avec

(1) *Voy.* MM. Aubry et Rau (t. III, § 287, note 24); Pont (n° 1165). — *Voy. aussi :* Toulouse, 30 avril 1836 (Sir., 37, 2, 23); Bordeaux, 6 décembre 1839 (Sir., 40, 2, 208); Bourges, 6 décembre 1839 (Sir., 40, 2, 311).

(2) Bordeaux, 6 août 1833 (Sir., 34, 2, 51).

toutes celles qui ne sont pas incompatibles avec l'art. 2170. « S'il n'en était ainsi, dit M. Duranton, ces expressions de l'art 2170, *selon la forme réglée au titre du cautionnement*, ne signifieraient pas grand'chose, assurément, car en les rapportant seulement aux formes prescrites pour la vente des biens dont la discussion serait requise, ce n'était pas au titre du cautionnement, mais bien au Code de procédure qu'il aurait fallu se référer, puisque le titre du cautionnement ne contient pas du tout ces formes. » Cette doctrine a, du reste, été consacrée par l'arrêt précité de la Cour de Bordeaux du 6 août 1833.

§ 4. — *Effets de l'exception de discussion.*

L'art. 2170 dit que pendant la discussion, *il est sursis à la vente de l'héritage hypothéqué*. Ainsi l'exception de discussion procure seulement un sursis. Ce n'est pas une exception *péremptoire* dont le résultat soit d'éteindre l'action, c'est une exception purement *dilatoire*, qui, lorsqu'elle est admise, empêche temporairement la vente sur le tiers détenteur de l'immeuble hypothéqué, mais qui n'affranchit pas définitivement des poursuites.

Elle n'aura même pas cet effet, s'il est démontré d'une façon certaine que les biens à discuter sont évidemment insuffisants pour désintéresser les créanciers ; ce serait en effet multiplier les frais sans nécessité, faire dévorer le gage des créanciers hypothécaires, et retarder le paiement de leurs créances sans aucune utilité ni pour le débiteur, ni pour le tiers détenteur. C'est ce qui a été décidé par un arrêt de la Cour de Toulouse, du 30 avril 1836 (1).

(1) *Voy.* Toulouse, 30 avril 1836 (Sir., 37, 2, 23).

Devons-nous appliquer au créancier hypothécaire auquel on a opposé l'exception de discussion la règle édictée par l'art. 2024 ? En d'autres termes, lorsque le tiers détenteur a fait l'indication des biens et fourni les deniers suffisants pour la discussion, le créancier ne devient-il pas, jusqu'à concurrence des biens indiqués, responsable à l'égard du tiers détenteur de l'insolvabilité du débiteur principal, survenue par défaut de poursuites ?

L'affirmative est adoptée par la plupart des auteurs, cependant cette opinion a été contestée. La disposition de l'art. 2024, a-t-on dit, ne s'applique qu'à la caution dont la complaisance mérite une faveur particulière. Elle inflige une peine au créancier négligent; or, toute disposition pénale ne peut, sans le concours du législateur, être étendue d'un cas à un autre.

Nous répondrons que l'art. 2024 ne peut être considéré comme une peine établie pour un cas spécial. Il contient simplement l'application du principe, d'après lequel chacun est responsable du dommage qu'il fait injustement éprouver à autrui ; tout tiers détenteur, quel qu'il soit, peut donc l'invoquer. A quoi servirait d'ailleurs l'exception de discussion, si le créancier pouvait, ou par sa négligence, ou par son caprice, faire perdre au tiers détenteur les avantages qu'elle peut procurer ? Comment le législateur aurait-il accordé au tiers détenteur un secours si peu efficace?

ARTICLE 2.

Exception à raison des impenses faites au fonds hypothéqué.

« Le tiers détenteur, nous dit l'art. 2175 *in fine*, ne peut répéter ses impenses et améliorations que jusqu'à concurrence de la plus-value résultant de l'amélioration. »

Si on ne consulte que l'art. 2133, ces améliorations, quoi qu'elles procèdent d'un tiers possesseur, accroissent à l'hypothèque acquise comme si elles étaient le fait du débiteur lui-même. Mais l'équité a voulu que le tiers détenteur fût indemnisé de ses dépenses jusqu'à concurrence de l'augmentation de valeur que la chose en a reçue, car les créanciers qui le dépossèdent ne doivent pas s'enrichir à ses dépens.

Nous allons examiner successivement la nature et l'étendue de ce droit.

§ 1. — *Nature du droit à l'indemnité.*

En droit Romain, le tiers détenteur de bonne foi pouvait se refuser au délaissement, tant qu'il n'avait pas été remboursé par les créanciers des impenses par lui faites, jusqu'à concurrence de la plus-value que ces impenses avaient donnée à la chose hypothéquée (1).

Dans notre ancienne jurisprudence, Loyseau enseignait que le tiers détenteur privilégié pour ses impenses n'avait pas le droit de rétention, qu'il pouvait être contraint à délaisser, même avant que le prix de ses impenses lui eût été remboursé, sauf à lui, après que l'héritage aurait été vendu, à se faire colloquer à l'ordre par privilége (2).

Le Code civil a-t-il reproduit sur ce point l'une ou l'autre de ces théories?

Deux auteurs, MM. Tarrible et Battur, ont soutenu que le tiers détenteur avait encore, aujourd'hui, le droit de rétention pour ses impenses. Cette doctrine a même été implicitement adoptée par un arrêt de la Cour de Douai, du 18 mars 1840 (3).

(1) Dig., liv. XX, t. I, *De pign.*, Loi 29, § 2.

(2) Loyseau, liv. VI, chap. VIII, n° 8.

(3) *Voy.* MM. Tarrible, *Rép.*, v° Priv., sect. IV, n° 5 ; Battur, *Hyp.*, t. III, § 491 à 507. — *Junge :* Pau, 9 août 1837 ; Douai, 18 mars 1840 (*J. Pal.*, 1838, t. II, p. 303 ; 1840, t. I, p. 620).

M. Tarrible, pour défendre son système, s'appuie d'abord sur la jurisprudence Romaine.

Il se fonde encore sur l'art. 9 du titre 27 de l'ordonnance de 1667. Cet article voulait que celui qui avait été condamné à délaisser la possession d'un héritage ne pût être contraint de quitter l'héritage qu'après avoir été remboursé.

Enfin, M. Tarrible prétend que si ce droit de rétention n'existe pas en faveur du tiers détenteur, il perdra les impenses et améliorations qu'il aura faites, parce qu'il ne pourra les réclamer à titre de privilége, sur le prix de la vente qui doit se faire ultérieurement.

Pour nous, tout en admettant que le droit de rétention existe dans notre droit, sans que le législateur l'ait dit expressément, pourvu qu'il n'y ait pas dans les termes de la loi des expressions incompatibles avec son existence, nous décidons que dans l'espèce, il n'y a pas lieu au droit de rétention. Les termes de l'art. 2175 sont formels : le tiers détenteur pourra *répéter*. Ce droit de répétition suppose nécessairement la remise de la chose entre les mains des ayants droit et exclut en conséquence l'idée d'une rétention quelconque ; il implique, en un mot, l'idée de créance.

Quant aux objections de M. Tarrible, elles ne peuvent nous arrêter.

Loyseau fait admirablement comprendre que l'on ne peut, en France, invoquer la loi 29 du Digeste. En effet, à Rome, le créancier postérieur n'avait pas le droit de vendre la chose, avant d'avoir payé le créancier qui lui était préférable. Or, celui qui avait bâti l'édifice était le plus privilégié, il s'ensuivait que les créanciers hypothécaires ne pouvaient faire vendre qu'après lui avoir payé ses améliorations. Le droit de rétention était donc une conséquence nécessaire du système hypothécaire Romain. Chez nous, au contraire, le droit de poursuite appartient à tout créancier. De là Loyseau concluait que le tiers détenteur pouvait être forcé de délaisser avant que le prix de ses impenses lui eût été remboursé.

Quant à l'objection tirée de l'art. 9 du titre 27 de l'ordonnance de 1667, elle n'a aucune valeur, car il s'agit d'un cas qui diffère essentiellement du nôtre. C'est un propriétaire véritable qui a triomphé dans la revendication et répète la chose contre celui qui la détient indûment; une des conditions naturelles de la réintégration du propriétaire, c'est évidemment qu'il commence par désintéresser celui qui a fait son affaire. Dans la matière qui nous occupe, au contraire, il s'agit d'un tiers détenteur qui veut s'opposer à une saisie à laquelle il s'est soumis d'avance en achetant; il l'a prévue, en a accepté les conséquences, il n'est donc pas digne d'un si grand intérêt.

M. Tarrible cependant prend en pitié la position du tiers détenteur et prétend que tout système contraire au sien le sacrifie. Pour nous, nous trouvons la position du créancier hypothécaire plus intéressante, il avait des droits acquis avant le second, et son droit de priorité est d'autant plus favorable, que le tiers détenteur a acheté en connaissance de cause.

D'autres auteurs, notamment MM. Persil, Grenier, Troplong refusent ce droit de rétention, mais reconnaissent au tiers détenteur un privilége analogue, soit à celui du créancier qui a fait des frais pour la conservation de la chose, soit à celui des architectes ou entrepreneurs (1). C'est également ce qui s'induit d'un arrêt de la Chambre des requêtes du 11 novembre 1824.

(1) *Voy.* MM. Persil (art. 2175, n° 7); Grenier (t. II, n° 336); Troplong (t. III, n° 836).

Ce système nous semble encore moins admissible que le premier.

Depuis quand, en effet, est-il de principe dans notre droit de créer des privilèges par voie d'analogie? N'est-il pas constant que c'est là une matière de droit étroit, *strictissimæ interpretationis?* Le privilége n'existe que lorsque la convention ou la loi l'a créé.

En admettant même qu'il y ait analogie entre les deux cas, et que de cette analogie frappante pût naître un privilége, le tiers détenteur s'est-il soumis aux prescriptions de l'art. 2103? A-t-il, ainsi que l'exige cet article, fait dresser préalablement par un expert nommé par le tribunal, un procès-verbal à l'effet de constater l'état des lieux relativement aux ouvrages qu'il avait dessein de faire? A-t-il, dans les six mois de la perfection des travaux, fait recevoir les travaux par un expert également nommé d'office? A-t-il, enfin, fait inscrire les procès-verbaux dont s'agit? A-t-il révélé ainsi sa position aux tiers? Non; un propriétaire qui travaille sur son fonds et qui croit travailler pour lui n'y songera jamais, il ne pourra donc invoquer l'art. 2103.

Est-ce à dire cependant que le détenteur n'ayant ni droit de rétention, ni privilége, ne devra être considéré pour ses impenses que comme un créancier chirographaire? Nous ne le pensons pas.

Remarquons, en effet, que les impenses faites par le tiers détenteur ont dû augmenter le prix d'adjudication, et que si les créanciers en profitaient à son détriment, ce serait violer le principe : *æquum est neminem cum damno alterius et injuria fieri locupletiorem.* La plus-value créée par les travaux du tiers détenteur peut donc être considérée comme une valeur distincte, qui lui appartient exclusivement et dont il peut demander la distraction à son profit, comme pourrait la demander le propriétaire d'un immeuble compris à tort dans la saisie; mais, nous le répétons, cette préférence dont il jouit ne peut être considérée comme un privilége, en prenant ce dernier mot dans son acception rigoureuse. C'est, au reste, cette dernière solution qui prévaut aujourd'hui en doctrine et en jurisprudence (1).

Le tiers acquéreur ne pourrait-il pas au moins arrêter les poursuites du créancier hypothécaire jusqu'à ce que celui-ci lui eût donné caution pour sûreté de son paiement? C'était l'opinion de Pothier, mais elle ne nous paraît pas admissible. De quel texte, en effet, ferait-on dériver l'obligation imposée au créancier hypothécaire de donner caution au tiers détenteur pour le cas dont il s'agit? Pourquoi l'arrêter dans sa poursuite? Il ne fait qu'user du droit qui lui appartient. C'était au tiers acquéreur à prendre ses précautions et à aller au-devant des résultats de l'hypothèque, en remplissant les formalités prescrites pour la purge des immeubles.

Concluons donc de tout ceci que le droit de répétition accordé au tiers détenteur par l'art. 2175 pour les impenses qu'il a faites à l'héritage, ne crée aucune exception à son profit, mais donne lieu à une simple créance, pour laquelle il a un droit de distraction sur le prix.

§ 2. — *Étendue du droit à l'indemnité.*

Aux termes de l'art. 2175, le tiers détenteur ne peut répéter ses impenses et améliorations que jusqu'à concurrence de la plus-value résultant de l'amélioration.

(1) *Sic :* Bastia, 2 février 1846 (Sir., 48, 2, 10); Bourges, 3 février 1851 (Sir., 52, 2, 425). — *Voy.* aussi MM. Zachariæ (t. II, p. 210, note 27); Pont (n° 1208); Aubry et Rau (t. III, § 287-4°).

Pour faire une application exacte de cette règle, il faut bien comprendre la valeur des expressions que le législateur emploie.

Les impenses, nous dit M. Troplong après Loyseau, sont les sommes qui ont été dépensées à améliorer l'héritage. Les améliorations sont ce qu'il vaut de plus, à raison des sommes qui y ont été employées. Il arrive presque toujours que l'impense est plus forte que la plus-value ou l'amélioration qui en résulte. Cependant, il arrive quelquefois aussi que l'amélioration ou plus-value est plus forte que la somme employée à la produire.

Que devra répéter le tiers détenteur, l'impense ou l'amélioration?

Si l'impense excède l'amélioration, il ne retirera que la plus-value résultant de l'amélioration. Mais pourra-t-il dans tous les cas prétendre à la plus-value, lors même qu'elle excède l'impense employée à la produire? On décide généralement dans ce cas que les créanciers ne lui doivent que ses dépenses.

De quoi se plaindrait, en effet, le tiers détenteur? L'équité est satisfaite du moment où il retire ce qu'il a déboursé, car les créanciers ne s'enrichissent pas à ses dépens. S'ils profitent quelquefois de la plus-value, c'est d'une part que le législateur n'est pas favorable au tiers détenteur qui ne purge pas, et d'autre part, qu'ils exercent simplement les droits des art. 2133 et 2166 que l'équité ne tient plus en échec.

A cette considération, nous ajoutons l'autorité de Loyseau et de la loi Romaine : « Bref, dit Loyseau, il faut conclure que le détenteur reprend toujours ce qui est de moins; c'est pourquoi on conjoint, en pratique, les deux mots d'*impenses* et d'*améliorations*, parce que ni l'un ni l'autre n'est repris absolument; mais l'un sert de restriction à l'autre (1). » C'est ce que dit expressément la loi *in fundo, D., de rei vindicatione : « Reddat dominus impensam, ut fundum recipiat, usque eo duntaxat quo pretiosior factus est; et si plus pretii accessit, solum quod impensum est. »*

Nous invoquons enfin, par analogie, la disposition de l'art. 555 du Code civil dont la Cour de Grenoble, dans un arrêt du 31 décembre 1841, a tiré argument pour l'opinion que nous défendons. Cet article porte que le possesseur de bonne foi, lorsqu'il est évincé, n'a droit pour les constructions qu'il a faites sur le fonds d'autrui, qu'au remboursement de la valeur des matériaux et du prix de la main-d'œuvre, c'est-à-dire de ses déboursés, si mieux n'aime le propriétaire du fonds lui rembourser une somme égale à celle dont le fonds a augmenté de valeur (2).

Quelque opinion cependant que l'on adopte sur la question que nous venons d'examiner, il est bien certain qu'il ne s'agit pas ici du recours que peut exercer l'acquéreur contre le vendeur. Il est plein et entier et se règle d'après les principes posés au titre de la vente (art. 1630 et suiv.).

Remarquons aussi que le tiers détenteur ne compense pas les améliorations avec les fruits. Quand il s'agit d'un simple possesseur de bonne foi, dit M. Troplong, on déduit des indemnités qu'il doit retirer pour améliorations la valeur des fruits qu'il a perçus. Mais comme le tiers détenteur dont nous nous occupons ici est maître et seigneur de l'héritage, et qu'il gagne les fruits *jure dominii*, il n'y a pas lieu à faire cette déduction.

L'art. 2175 a soulevé une autre controverse. On s'est

(1) *Voy.* Loyseau, *Traité du déguerp.* (liv. 6, chap. 8, n° 15).

(2) *Voy.* Grenoble, 31 décembre 1841 (*J. Pal.*, 1842, t. II, p. 513). *Voy.* cependant Toulouse, 7 mars 1818 (*J. Pal.*, 1818, t. I, p. 670).

demandé si la règle posée par cet article s'appliquait à toute espèce d'impenses, même aux impenses nécessaires. En d'autres termes, les impenses nécessaires faites par le tiers détenteur doivent-elles être répétées contre les créanciers hypothécaires en entier ou seulement *in quantum res pretiosior facta est?*

Quelques auteurs, notamment MM. Delvincourt, Duranton, Dalloz, permettent au tiers détenteur de répéter la totalité de ses déboursés, si les impenses qu'il a faites avaient pour objet la conservation de l'immeuble, si elles étaient nécessaires pour empêcher sa ruine (1).

Suivant eux, la règle : « *Neminem æquum est cum alterius detrimento locupletari,* » en vertu de laquelle le tiers détenteur obtient le remboursement des dépenses qui ont pour résultat l'amélioration de la chose, serait violée, s'il ne pouvait réclamer l'intégralité des impenses nécessaires. Le tiers détenteur a préservé le gage d'une perte certaine, les créanciers doivent l'indemniser complétement, car ils profitent de la totalité des déboursés.

Cette doctrine, consacrée par un arrêt de la Cour de cassation du 11 novembre 1824, semble justifiée par plusieurs articles du Code civil qui, dans des cas analogues, consacrent une décision semblable (art. 862 et 1673).

Elle peut encore s'autoriser d'un passage de Pothier, qui est ainsi conçu : « Suivant la loi 29, § 2, Dig., *De pign. et hypoth.*, le détenteur d'un héritage assigné en action hypothécaire, qui a fait des impenses nécessaires ou utiles, a droit de les retenir jusqu'à ce qu'il ait été remboursé, savoir, à l'égard des nécessaires, de ce qu'elles ont coûté ou

(1) *Voy.* MM. Delvincourt (t. III, p. 382) ; Duranton (t. XX, p. 271) ; Dalloz, *Rép.* (V° Privil. et Hyp., n° 1958) ; — *Junge :* Req. rej., 11 novembre 1824 (Sir., 25, 1, 140).

dû coûter ; et à l'égard des utiles, de la somme dont l'héritage s'en trouve actuellement plus précieux, ce qui est fondé sur ce que le créancier ne doit pas profiter aux dépens de ce détenteur, des dépenses qu'il a faites pour lui conserver ou améliorer son gage, suivant cette règle : *Neminem æquum est cum alterius detrimento locupletari* (1). »

Cette opinion a été combattue et repoussée par M. Troplong, qui met sur la même ligne les impenses nécessaires et les impenses utiles. Si les travaux de réparation ont seulement maintenu l'immeuble dans son premier état, le tiers détenteur ne peut réclamer aucune indemnité des créanciers. Si, au contraire, ils lui donnent une valeur qui n'existait pas auparavant, le tiers détenteur devra en être remboursé jusqu'à concurrence de la plus-value. L'amélioration peut seule donner lieu au droit de répétition, peu importe qu'elle soit causée par des impenses nécessaires dans l'origine, mais poussées ensuite jusqu'à l'amélioration, ou qu'elle découle d'impenses moins urgentes.

Nous croyons que cette opinion doit prévaloir ; elle a pour elle, en effet, la tradition, le texte et l'esprit du Code civil.

La loi 44, § 1, Dig., *De damno infecto* (XXXIX, 2), refuse d'une manière formelle au tiers détenteur le droit de réclamer les impenses nécessaires, *impensas in refectione*. On oppose, il est vrai, la loi 29, § 2, Dig., *De pign. et hyp.*, mais il faut remarquer avant tout que cette loi n'accorde pas au tiers détenteur la totalité de ses déboursés ; elle ne pourrait donc justifier qu'incomplétement la théorie à laquelle elle sert de fondement. — Puis ces deux lois s'occupent d'hypothèses complétement différentes. D'après la loi 44, les réparations et tous les travaux qui entretiennent la chose dans l'état où ils se trouvent et l'empêchent de

(1) *Voy.* Pothier, *Orl.* (t. XX, n° 38).

dépérir sans l'améliorer, ne donnent lieu à aucune indemnité en faveur du tiers détenteur. D'après la loi 29, les reconstructions, c'est-à-dire les travaux qui augmentent, qui améliorent, qui rétablissent ce qui est détruit, donnent lieu à répétition jusqu'à concurrence de la plus-value.

Cette doctrine du droit Romain était complétement adoptée par Loyseau : Il faut donc tenir, dit-il, que les grosses améliorations et rebâtiments sont répétés par l'acquéreur, mais non pas les simples réparations et entretènements... Il ne faut point recourir en cette matière à la distinction vulgaire des impenses nécessaires, utiles ou voluptuaires, parce que cette distinction ne convient pas proprement aux améliorations, car le mot emporte qu'elles soient utiles (1).

C'est évidemment sous l'influence du droit Romain et des idées de Loyseau qu'a été rédigé l'art. 2175. Il parle, en effet, des impenses d'une manière générale et ne fait aucune distinction. Pourtant la distinction si connue des diverses espèces d'impenses a dû nécessairement se présenter à l'esprit du législateur, lorsqu'il rédigeait cet article. Dans d'autres cas, du reste, il a eu soin de s'en expliquer (art. 862, 1673); si dans cette circonstance il ne l'a pas admise, c'est évidemment avec l'intention de la repousser.

Les raisons, d'ailleurs, ne manquent pas pour justifier la théorie que la loi a consacrée.

Il importe, en effet, que la confiance des créanciers hypothécaires ne soit point trompée, on doit les maintenir dans la position qu'il se sont faite, lorsqu'ils ont voulu que leur créance fût garantie par une hypothèque; s'ils devaient supporter les dépenses nécessaires pour conserver leur gage dans l'état où il se trouve, leurs droits seraient singulière-

(1) *Voy.* Loyseau, liv. 6, chap. 8, nos 10 et 11.

ment atténués et compromis. La loi, du reste, met ces dépenses à la charge du tiers détenteur, puisqu'elle le soumet à une indemnité au profit des créanciers, si par sa négligence la chose vient à dépérir.

D'un autre côté, on ne peut pas dire que le créancier s'enrichit des réparations qui maintiennent la chose dans son état de conservation, car faute de ces réparations, l'art. 2131 l'autorise à demander un supplément d'hypothèque. Enfin, le tiers détenteur pouvait en purgeant éviter des dépenses dont il ne devait pas profiter : *Volenti non fit injuria.*

Nous refusons donc toute répétition pour les impenses nécessaires; si elles n'améliorent pas, le tiers détenteur n'aura dans ce cas que son recours en garantie contre son vendeur. Averti par les inscriptions qu'une cause d'éviction pèse sur l'immeuble par lui acquis, il doit prendre les précautions nécessaires pour se faire indemniser des frais de réparation qu'il sera obligé de faire; il doit, suivant les expressions de la loi Romaine : *diligentius a venditore sibi cavere.*

A l'égard des dépenses voluptuaires, Pothier n'accordait aucune indemnité au tiers détenteur, et lui permettait seulement de les enlever, pourvu que cela pût se faire sans détérioration. Pour nous, nous les assimilons complétement aux autres impenses, car l'art. 2175 ne fait aucune distinction, et déclarons que le tiers détenteur aura droit à une indemnité, si elles ont créé une plus-value sur l'immeuble.

On s'est demandé de quelle façon peut se faire l'estimation de la plus-value. En principe, elle doit se faire par experts.

Néanmoins, comme la loi n'a pas tracé de règle à cet égard, les juges sont libres de choisir un tout autre mode d'estimation. C'est ainsi qu'il a été jugé par la Cour de Pau, le 24 février 1817, que la plus-value serait estimée par la différence entre le prix d'acquisition et celui de la revente de l'immeuble. Sur le pourvoi formé en Cassation, il fut décidé que la loi ne fixant pas un mode d'évaluation plutôt qu'un autre, les juges avaient pu choisir celui qui leur avait paru préférable (Req., 29 janvier 1819).

Ce mode d'évaluation nous paraît pouvoir être l'objet de graves objections.

D'une part, en effet, il ne donne pas satisfaction aux droits du tiers détenteur. L'immeuble acquis, quoique considérablement amélioré, peut, par des circonstances fortuites, ne pas être porté dans une revente à un prix plus élevé que celui de la première acquisition ; il peut même arriver qu'il ne l'atteigne pas, surtout si, comme on le voit souvent, l'acquéreur évincé y a attaché un prix de convenance et d'affection. Dans cette supposition, et suivant le système consacré par la Cour de Pau, le tiers détenteur se trouverait complétement évincé des impenses qu'il aurait faites. Pourtant, ce sont les créanciers qui profitent des améliorations naturelles survenues à l'immeuble hypothéqué, ne doivent-ils pas en retour supporter les détériorations qu'il éprouve, lorsqu'elles sont le résultat du hasard ?

D'autre part, il peut préjudicier aux créanciers eux-mêmes. Admettons, en effet, que le tiers détenteur ait payé l'immeuble bien au-dessous de sa valeur et qu'il y ait fait quelques impenses légères; si le montant de ces impenses est déterminé par la supériorité du prix de la seconde vente sur celui de la première, le tiers détenteur touchera évidemment, outre le produit réel de ses améliorations, l'excédant de la valeur primitive de l'immeuble sur le prix de l'acquisition, ce qui est contraire à la disposition de l'art. 2175.

Il nous semble donc préférable que les experts déterminent

quelle est dans le prix d'adjudication la partie qui correspond à la valeur de l'immeuble, c'est-à-dire le prix auquel il eût été porté s'il fût resté dans son état primitif, et qu'ils apprécient, suivant les expressions de Pothier, ce qu'il a été vendu de plus par suite des impenses du tiers détenteur (1). L'excédant de valeur qu'il aura acquis par suite des améliorations, formera la plus-value à laquelle le tiers détenteur peut prétendre.

Dans tout ce que nous avons dit ci-dessus, nous n'avons pas parlé de la distinction entre les possesseurs de bonne foi et les possesseurs de mauvaise foi; cette distinction ne s'applique que quand il s'agit d'apprécier les droits d'un simple possesseur : or ici, il s'agit d'un propriétaire.

Ainsi, en résumé, le tiers détenteur, sans distinguer s'il est ou non de bonne foi, répète tantôt l'impense et tantôt l'amélioration. La loi ne distingue pas entre les diverses classes d'impenses; elle ne considère que le résultat, c'est-à-dire s'il y a eu plus-value, peu importe d'où elle provient. Pour constater l'amélioration, on a recours à des experts qui l'estiment.

Article 3.

Exception à raison des hypothèques antérieures que le tiers détenteur peut avoir sur l'immeuble.

Le tiers détenteur pourrait-il tirer une fin de non recevoir contre le créancier poursuivant, de ce fait que lui-même se trouve créancier antérieurement inscrit sur le même immeuble et pour des sommes au moins égales à sa valeur?

En droit Romain, ainsi que nous l'avons vu, le détenteur

(1) *Sic* : Rej. 28 novembre 1838 (*J. Pal.*, 1838, t. II, p. 655).

qui se trouve en même temps créancier hypothécaire sur la chose qu'il détient peut, lorsqu'il est poursuivi par un créancier dont l'hypothèque est postérieure à la sienne, lui opposer l'exception : *si non mihi ante pignoris hypothecæve nomine sit res obligata.*

Dans notre ancienne jurisprudence, on suivit sur cette question les errements du droit Romain. « Si le défendeur avait lui-même, dit Pothier, lorsqu'il a acquis l'héritage pour lequel l'action hypothécaire est donnée, des hypothèques sur cet héritage préférables à celles du demandeur, qui absorbent la valeur de cet héritage, il a une exception contre la demande qui doit lui en faire donner congé, si mieux n'aime le demandeur donner caution de faire monter l'héritage à si haut prix que le défendeur soit payé de ses créances (1). » On trouve même un arrêt du parlement de Paris, du 16 juillet 1641, décidant que cette exception existait, pourvu que l'estimation des immeubles fût préalablement effectuée à dire d'experts. On voulait éviter les procédures et épargner aux parties les frais considérables qui en étaient la conséquence.

Depuis le Code, la question s'est plusieurs fois présentée. Dans le principe, elle fut résolue par les Cours impériales dans le sens de l'arrêt du Parlement de Paris ; c'est ce que fit notamment la Cour de Rouen, dans un arrêt du 14 décembre 1815. Le motif qui déterminait les Cours était le défaut d'intérêt du créancier poursuivant et l'inutilité des frais d'expropriation, que l'on considérait dès lors comme frustratoires.

A cela, nous répondrons que l'art. 2169 donne à chaque créancier inscrit le droit de faire vendre aux enchères l'im-

(1) *Voy.* Pothier, *Cout. d'Orl.*, t. 20, n° 40.

meuble hypothéqué, sans s'occuper de son rang d'hypothèque, et surtout sans lui imposer la charge de faire porter cet immeuble à un prix assez élevé, pour désintéresser les créanciers antérieurs. Quant à l'argument tiré du défaut d'intérêt de la part du créancier poursuivant, il n'a aucune valeur; car ce défaut d'intérêt ne peut être apprécié qu'après l'expropriation. Avant l'adjudication, il est impossible de savoir quelle somme produira la vente de l'immeuble hypothéqué, et ce ne sera qu'après la clôture de l'ordre que le rang des hypothèques pourra être déterminé. Jusque-là, on ne peut savoir légalement quel est le créancier qui sera au premier ou au dernier rang; l'un peut être forclos faute de produire, l'autre peut ne pas être colloqué pour quelque vice dans son titre ou dans son inscription; ce sont là des questions qui ne peuvent être vidées qu'à l'ordre et que les tribunaux ne sont pas en mesure de vérifier d'une manière légale avant cette époque. C'est dans ce sens que s'est prononcée la Cour de cassation, par arrêt du 10 février 1818, cassant l'arrêt précité de la Cour de Rouen.

Article 4.

Exception de garantie.

L'exception de garantie existe-t-elle en faveur du tiers détenteur? L'affirmative n'est pas douteuse, elle lui est ouverte toutes les fois que le créancier qui le poursuit se trouve personnellement soumis envers lui à la garantie de l'éviction qu'il lui ferait subir.

Supposons un débiteur qui vend un immeuble hypothéqué, il meurt et laisse pour héritier son créancier hypothécaire. Si ce créancier veut exercer son droit de suite contre l'acquéreur, celui-ci lui dira : Vous me devez garantie comme votre auteur, vous ne pouvez donc m'évincer. L'exception péremptoire qui résulte de cette situation n'est écrite, il est vrai, dans aucun texte de notre Code, mais elle doit néanmoins être admise comme résultant des principes généraux du droit ; c'est une application de la maxime : « *Quem de evictione tenet actio, eumdem agentem repellit exceptio.* »

En effet, dit Pothier, la garantie consistant dans l'obligation de défendre le possesseur de tous troubles en la possession de son héritage, il est évident qu'elle résiste à l'exercice de l'action pour le lui faire délaisser. De là cette maxime : *Quem de evictione tenet actio, eumdem agentem repellit exceptio* (1).

Lorsque le créancier n'est tenu qu'en partie de la garantie de l'héritage, il ne sera exclu de l'action hypothécaire que pour la partie dont il est tenu de cette garantie.

Lorsque le créancier n'est pas, à la vérité, personnellement tenu de la garantie, mais possède des héritages hypothéqués à cette garantie, il peut, comme possédant ces héritages, être exclu de l'action hypothécaire ; mais avec cette différence que le créancier qui est personnellement tenu de la garantie est absolument exclu de l'action hypothécaire, au lieu que celui qui possède seulement des héritages affectés à cette garantie n'est exclu de son action hypothécaire qu'autant qu'il veut retenir ces héritages. Il peut, en les abandonnant, suivre l'action hypothécaire.

(1) *Voy.* Pothier, *Cout. d'Orléans*, t. XX, n° 41.

Article 4.

De l'exception cedendarum actionum.

Dans notre ancien droit Français, le tiers détenteur pouvait exiger du créancier poursuivant qu'il conservât intactes, pour les lui céder, les actions qu'il avait soit contre le débiteur ou les cautions, soit contre les autres tiers détenteurs d'immeubles hypothéqués à la dette. Le motif qui avait fait établir cette exception était que le créancier ne peut, par son propre fait, empirer la situation du tiers détenteur, et qu'il arriverait à le faire s'il lui était possible de le poursuivre, après avoir abandonné ou laissé perdre les sûretés qui pouvaient garantir à ce dernier le remboursement de ce qu'il aurait payé au créancier hypothécaire. C'était la doctrine enseignée par Dumoulin, par Loyseau et Pothier (1).

Cette exception existe-t-elle encore aujourd'hui? Le Code n'en parle pas, aussi admet-on généralement qu'elle a été implicitement rejetée.

L'opinion contraire a cependant été soutenue par un assez grand nombre d'auteurs qui se fondent sur l'art. 2037, et en étendent la disposition, par voie d'analogie, de la caution au tiers détenteur (2). Mais cette prétendue analogie n'existe pas en réalité : Si la caution et le tiers détenteur ont cela de commun, qu'ils ne sont tenus que pour le débiteur principal et personnel, leur position est, à tous autres égards,

(1) *Voy.* Dumoulin (*de Usuris*, n° 680); Loyseau (*du Déguerp.*, liv. II, chap. VIII, n° 19); Pothier (*de l'Hyp.*, n° 101).

(2) *Voy.* MM. Toullier (t. VII, n° 172); Troplong (n° 789 *bis* et *Cautionn.*, n° 562); Grenier (*Hyp.*, t. II, n° 333). — *Voy.* aussi Bastia, 2 février 1816 et 22 novembre 1817 (*J. Pal.*, 1816, t. II, p. 391, et 1818, t. I, p. 145).

essentiellement différente. En effet, la caution qui s'est obligée au paiement d'une dette hypothécaire, est fondée à dire qu'elle l'a fait en considération de l'hypothèque et dans l'espérance de pouvoir l'exercer elle-même au moyen de la subrogation, pour se faire rembourser de ce qu'elle aurait à payer à la décharge du débiteur principal. On comprend ainsi que le législateur ait subordonné l'action du créancier à la conservation de l'hypothèque en vue de laquelle la caution s'est engagée; mais les mêmes considérations ne militaient pas en faveur du tiers détenteur. D'un autre côté, la caution n'a aucun moyen d'empêcher le débiteur d'aliéner les immeubles hypothéqués, et de se garantir contre le préjudice qui pourrait résulter, pour elle, de l'insolvabilité du débiteur; tandis que le tiers détenteur peut, en usant de la faculté de purger, se mettre à l'abri de toute perte, et que s'il paie son prix sans avoir purgé, il commet une imprudence dont il doit supporter les suites.

Il n'est pas probable, ajoute-t-on, que le Code civil ait rompu avec tous les précédents: Pothier, Loyseau, Dumoulin reconnaissaient l'exception *cedendarum actionum*. Nous répondrons que sous l'empire d'une législation qui admettait l'hypothèque occulte, on a dû traiter le tiers détenteur avec ménagement, et admettre en sa faveur certaines exceptions, plutôt fondées sur des considérations d'équité que sur les principes du droit. Mais les mêmes motifs de faveur n'existent pas dans notre régime hypothécaire actuel, dont la publicité forme l'une des bases.

Enfin, on invoque un autre moyen imaginé par M. Troplong. Dans les premières éditions de son *Traité des privilèges et hypothèques*, M. Troplong avait admis le bénéfice *cedendarum actionum*, il le rejeta dans les éditions postérieures. Plus tard, dans son *Commentaire du cautionnement*, il en fit un corollaire du bénéfice de discussion, et ne l'accorda plus qu'au tiers détenteur qui se trouvait dans les conditions requises pour invoquer ce bénéfice. Pour nous, nous pensons que ces deux exceptions ne sont nullement liées l'une à l'autre. En effet, la caution peut très-bien se trouver dans l'impossibilité d'invoquer le bénéfice de discussion, par exemple, si le débiteur a aliéné les immeubles hypothéqués à la dette ou si ces immeubles sont situés hors du ressort de la Cour d'appel du lieu où le paiement doit être fait; et, cependant, dans cette hypothèse, si le créancier a donné mainlevée de son hypothèque sur ces immeubles ou sur quelques-uns d'entre eux, la caution qui pourtant ne peut opposer l'exception de discussion, pourra très-bien, au contraire, invoquer celle de cession d'actions.

Disons en terminant que le premier système ne respecte pas le principe de l'indivisibilité du droit hypothécaire. Indivisible de sa nature, l'hypothèque subsiste en entier sur tous les immeubles affectés, sur chacun et sur chaque portion de ces immeubles, et les suit en quelque main qu'ils passent. Le créancier inscrit sur plusieurs immeubles peut donc faire porter son hypothèque sur l'un d'eux, en donnant mainlevée de son inscription sur le surplus, et son droit à cet égard ne peut être modifié ou restreint par la vente que le débiteur aura faite d'un ou de plusieurs de ses immeubles. Vainement on opposerait à ce principe celui de la subrogation résultant de l'art. 1251. La subrogation accordée par cet article à l'acquéreur d'un immeuble qui paie le créancier auquel l'immeuble était hypothéqué, n'est que la conséquence du paiement et ne peut transmettre au subrogé que les droits qui appartienent au créancier au moment où la subrogation s'opère; or, avant cette époque, le créancier ne pouvait être tenu de faire des diligences pour conserver les droits éventuels d'un tiers avec lequel il n'avait pas traité, et avec lequel il pouvait n'avoir ultérieurement aucun rapport; donc, en donnant mainlevée de son inscription ou en la laissant périmer, il n'a fait qu'user de son droit et ne peut être responsable envers les tiers détenteurs de l'usage qu'il a fait sans fraude d'un droit légitime.

Aussi la majorité des auteurs et des arrêts refuse-t-elle aujourd'hui au tiers détenteur l'exception *cedendarum actionum*. Nous citerons seulement un arrêt de la Cour de cassation du 18 décembre 1851, rendu sous la présidence de M. Troplong, qui cassant un arrêt de la Cour de Riom, refuse l'exception au détenteur. L'affaire fut renvoyée à la Cour de Bourges, qui, dans un arrêt du 11 juin 1855, jugea comme la Cour de cassation, mais toutefois en faisant ressortir cette circonstance de fait, laissée de côté par l'arrêt précité, que les tiers détenteurs ne pouvaient dans l'espèce opposer l'exception de discussion, ce qui laisserait croire que cette Cour inclinait vers le système mixte professé par M. Troplong (1).

Il est évident qu'il en serait autrement dans le cas où la renonciation du créancier aurait été le résultat soit d'un concert frauduleux arrêté avec le débiteur ou d'autres créanciers, soit d'une volonté positive de nuire au tiers détenteur; les poursuites des créanciers pourraient alors être déclarées non recevables. Quant au point de savoir quels sont les faits qui constitueront la fraude, ce sera une question de fait laissée à l'appréciation des tribunaux.

(1) *Voy.* les arrêts de la Cour de cass. des 22 déc. 1846, 17 mars 1852, 18 déc. 1851, et l'arrêt de la Cour de Bourges, rendu le 11 juin 1865, sur le renvoi prononcé par ce dernier arrêt. — (S.-V., 47, 1, 86; 52, 1, 427; 55, 1, 247 et 2, 636. — *Junge :* Chambéry, 31 août 1861. — (S.-V., 62, 2, 219.) — *Voy.* aussi MM. Aubry et Rau (t. III, § 287-2°).

Outre ces exceptions signalées par Pothier, il existe encore certains moyens de défense que peut invoquer le tiers détenteur. Ainsi, il est toujours admis à se prévaloir de la non existence ou de l'extinction du droit hypothécaire, de la non exigibilité de la dette, enfin de la nullité ou de la péremption de l'inscription, en vertu de laquelle agit le créancier hypothécaire.

CHAPITRE IV.

Extinction du droit de suite.

Le droit de suite ne pouvant être exercé que par un créancier hypothécaire ou privilégié, il en résulte que toute cause qui amène l'extinction de la créance, de l'hypothèque ou du privilége, amène forcément l'extinction du droit de suite.

Quant aux modes d'extinction de l'obligation, nous n'avons pas à nous en occuper, et renvoyons en conséquence à l'art. 1234 du Code civil.

En ce qui concerne les modes d'extinction des priviléges et hypothèques, c'est un point qui sort également du cadre spécial que nous nous sommes tracé, nous renvoyons à l'art. 2180 du Code civil.

Nous étudierons seulement les modes d'extinction spéciaux au droit de suite et les circonstances dans lesquelles il s'éteint seul, en laissant subsister le droit de préférence.

Le droit de suite s'éteint en laissant subsister le droit de préférence :

1° Par la renonciation du créancier ;

2° Par l'effet de la purge ;

3° Par l'effet de l'expropriation pour cause d'utilité publique;

4° Par l'adjudication sur saisie immobilière;

5° Par l'adjudication sur surenchère;

6° Par l'omission, dans le certificat requis par l'acquéreur après la transcription de son titre, de l'inscription nécessaire à l'efficacité du privilége ou de l'hypothèque;

7° Pour le copartageant, par l'inscription de son privilége effectué après le quarante-cinquième jour et avant le soixantième depuis le partage.

Nous ne dirons que quelques mots de ces divers modes d'extinction du droit de suite, les ayant déjà étudiés pour la plupart dans le cours de ce travail.

1° *Renonciation du créancier.* — Cette renonciation peut être expresse ou tacite.

a — Expresse. — Le créancier peut intervenir dans l'acte de vente de l'immeuble hypothéqué, pour déclarer qu'il se tient pour satisfait du prix à payer par l'acheteur et qu'il le dispense de toute notification à son égard. Dans ce cas, le droit du créancier se transforme en un droit sur le prix; il ne peut plus exercer la poursuite hypothécaire proprement dite, mais il conserve le droit d'être payé à son rang d'hypothèque sur le prix de la vente.

b — Tacite. — La renonciation du créancier à son droit de suite, peut résulter de sa participation à l'acte qui a fait sortir du patrimoine du débiteur l'immeuble affecté à son hypothèque. Toutes les fois que cet acte sera un acte à titre onéreux, on devra présumer que le créancier en y participant renonce à son droit de suite contre l'acquéreur, mais qu'il ne renonce pas à son droit de préférence vis-à-vis des autres créanciers qui ne figurent point dans l'acte auquel il a participé. C'est ce que nous déciderons dans un cas qui se présente très-fréquemment en pratique, celui de la vente consentie conjointement par le mari et la femme d'un immeuble appartenant en propre au mari, et qui est seulement grevé de l'hypothèque légale de la femme. Dans ce cas, nous pensons que la femme a renoncé à son hypothèque, en faveur seulement de l'acquéreur avec qui elle a traité, et non en faveur des autres créanciers de son mari, avec lesquels elle n'a fait aucune convention ; en d'autres termes, qu'elle a perdu son droit de suite, mais qu'elle a conservé son droit de préférence (1).

2° *Purge.* — Nous traiterons séparément de l'effet de la purge sur les hypothèques inscrites et sur les hypothèques légales dispensées d'inscription et non inscrites.

a — Effet de la purge sur les hypothèques inscrites. — L'acquéreur d'un immeuble qui veut le libérer des hypothèques qui le grèvent, offre aux créanciers inscrits soit son prix d'acquisition, soit l'évaluation de la chose, si cette chose lui a été donnée. Un délai de quarante jours est accordé aux créanciers à partir de ces offres, pour qu'ils aient le temps d'examiner s'ils doivent ou non se contenter des sommes offertes. S'ils les jugent insuffisantes, ils font une surenchère ; si, au contraire, ils gardent le silence pendant les quarante jours qui leur sont donnés pour surenchérir, il se produit le résultat suivant :

D'une part, les créanciers ne peuvent plus exiger du tiers détenteur que la somme qu'il a offerte et dont il devient débiteur personnel ; et même, si celui-ci la consigne valablement (art. 777 du Code de procédure), ils n'ont plus

(1) *Voy.* Req. rej., 9 février 1859 (Sir., 60, 1, 617) ; Civ. cass., 26 août 1862 (Sir., 62, 1, 920).

absolument rien à lui demander, le droit de suite est irrévocablement perdu.

D'autre part, le droit de préférence subsiste, et quand l'ordre s'ouvrira, chaque créancier sera colloqué sur les sommes consignées à son rang hypothécaire ou privilégié.

b — Effet de la purge sur les hypothèques légales non inscrites. — A côté de la purge générale ou ordinaire dont nous venons de parler, la loi a organisé une purge spéciale qui s'applique aux hypothèques légales non inscrites des femmes mariées, des mineurs et des interdits, et qui a principalement pour but de mettre les personnes auxquelles ces hypothèques compètent, en demeure de les faire inscrire dans un certain délai, sous peine de déchéance du droit de suite.

Le tiers détenteur, au moyen des formalités prescrites par l'art. 2194, porte son acte d'acquisition à la connaissance des personnes du chef desquelles on suppose qu'il peut exister des hypothèques occultes, en les sommant de s'inscrire dans un délai déterminé.

Si l'inscription est prise dans ce délai, l'hypothèque est conservée dans toute sa plénitude. Toutefois le droit de surenchère ne peut être exercé que pendant les deux mois accordés par l'art. 2194 pour prendre inscription (1).

Si l'inscription n'est point prise dans ce délai, les immeubles dont la purge a été poursuivie sont définitivement affranchis, dans l'intérêt de l'acquéreur, des hypothèques légales qui les grevaient. Le droit de suite contre l'acquéreur est perdu; mais le droit de préférence subsiste sur le prix,

(1) *Sic* : Bordeaux, 1er janvier 1863 (Sir., 64, 2, 142). — *Voy. aussi* : MM. Pont (n° 1419), Aubry et Rau (t. III, § 293, p. 544, note 14). — *Contra* M. Duranton (t. XX, n° 423).

et la femme, le mineur et l'interdit peuvent produire à l'ordre et se faire colloquer à leur rang d'hypothèque, comme s'ils avaient pris une inscription, pourvu toutefois que l'ordre soit ouvert dans les trois mois de l'expiration du délai. C'est ce qui résulte du nouvel art. 772 du Code de procédure, emprunté à la loi du 21 mai 1858.

3° *Expropriation pour cause d'utilité publique.* — Le créancier inscrit sur un immeuble qui est exproprié pour cause d'utilité publique ou cédé à l'amiable pour la même cause, perd immédiatement son droit de suite à l'égard de l'expropriant. Ainsi, il est déchu du droit de surenchère, et, comme le dit l'art. 17 de la loi du 3 mai 1841, il ne peut exiger qu'une chose, c'est que l'indemnité soit fixée conformément aux dispositions du titre IV de cette loi. Mais le droit de préférence subsiste au profit des créanciers, qui peuvent se faire colloquer sur le prix d'expropriation, conformément à leur rang de privilége ou d'hypothèque.

4° *Adjudication sur saisie immobilière.* — L'adjudication sur saisie immobilière produit également l'extinction du droit de suite, en laissant subsister le droit de préférence. Toutefois, il serait peut-être plus exact de dire que cet effet est produit non par l'adjudication elle-même, mais par la transcription de l'adjudication. Cela résulte, en effet, et du principe nouveau de la loi du 23 mars 1855, et du texte même de l'art. 717 du Code de procédure, qui nous dit : « Le jugement d'adjudication, *dûment transcrit*, purge toutes les hypothèques, et les créanciers n'ont plus d'action que sur le prix. »

Remarquons cependant qu'après l'adjudication sur saisie immobilière, il peut encore intervenir une surenchère du sixième ou une folle enchère, de telle sorte qu'en réalité, il faut, pour éteindre l'hypothèque entière, le paiement du prix d'adjudication aux créanciers, et pour éteindre le droit de suite, la consignation de ce prix.

5° *Adjudication sur surenchère.* — Nous n'avons qu'à répéter ici ce que nous venons de dire sous le numéro précédent.

6° *Omission, dans le certificat requis par l'acquéreur après la transcription de son titre, de l'inscription nécessaire à l'efficacité du privilége ou de l'hypothèque.* —L'acquéreur d'un immeuble, en transcrivant son acte d'acquisition, requiert du conservateur un état des inscriptions qui grèvent cet immeuble, et le conservateur omet dans son certificat une des inscriptions. Il résulte de l'art. 2198 du Code civil, que le créancier omis perd son droit de suite contre l'acquéreur d'une manière complète, sauf son recours contre le conservateur. Mais il conserve son droit sur le prix, et peut le faire valoir tant que ce prix n'a pas été payé par l'acquéreur ou que l'ordre fait entre les créanciers n'a pas été homologué.

7° *Pour le copartageant : Inscription de son privilége après le quarante-cinquième jour et avant le soixantième depuis le partage.* — Nous avons vu que le copartageant, pour conserver son privilége au point de vue du droit de suite, peut l'inscrire tant que l'acte d'aliénation n'a pas été transcrit, et même après la transcription, s'il se trouve encore dans les quarante-cinq jours du partage. Supposons maintenant que ce délai soit expiré et que le copartageant soit déchu de la faculté de s'inscrire pour la conservation du droit de suite, pourra-t-il encore, dans les soixante jours du partage, prendre une inscription à l'effet de conserver son droit de préférence sur le prix de l'immeuble ?

Nous pensons que la question doit être résolue affirmativement. En effet, l'objet principal de la loi du 23 mars 1855 et en particulier celui de l'art. 6, qui a trait au privilége du copartageant, ayant été de consolider la propriété immobilière et le crédit foncier au profit des acquéreurs ou de leurs créanciers, on ne saurait supposer que le législateur ait voulu, dans l'intérêt des créanciers hypothécaires ou simplement chirographaires du vendeur, déroger à la disposition de l'art. 2109 et priver le copartageant du bénéfice du délai que lui assure cet article, alors que le but qu'il se proposait d'atteindre ne réclamait nullement cette dérogation.

Ajoutons que la loi du 23 mars 1855 n'a pas abrogé la disposition finale de l'art. 2109 du Code civil, aux termes de laquelle aucune hypothèque ne peut, durant le délai de soixante jours, avoir lieu sur le bien chargé de soulte ou adjugé sur licitation, au préjudice du créancier de la soulte ou du prix. Ne présentant d'ailleurs rien d'incompatible avec cette loi nouvelle, nous décidons que cet article doit toujours recevoir son application.

FIN.

POSITIONS.

DROIT ROMAIN.

1° On peut concilier la loi 27 et la loi 32 au Dig., *De donat.*, liv. XXXIX, t. V.

2° On peut également concilier la loi 6 au Dig., *De donat.*, liv. XXXIX, t. V, avec la loi 34 au Dig., *De dolo malo*, liv. IV, t. III.

3° Les décisions données par Paul au Dig., loi 18, § 2, *De pign. act.*, liv. XIII, t. VIII, et la loi 29, § 1, *De pign. et hyp.*, liv. XX, t. I, et dans les Sentences, liv. II, t. V, *De pign.*, § 2, ne sont pas inconciliables. La part d'une esclave hypothéquée est hypothéquée lorsque la femme esclave a conçu étant encore *in bonis debitoris*.

4° La loi 29, § 2, Dig., *De pign. et hyp.*, liv. XX, t. I, et la loi 44, § 1, Dig., *De damno infecto*, liv. XXXIX, t. II, sont conciliables. Le créancier hypothécaire doit tenir compte de ses dépenses, jusqu'à concurrence de la plus-value, au possesseur de bonne foi qui a reconstruit la maison hypothéquée; il n'en est pas de même quant aux frais occasionnés par les réparations.

5° Le possesseur de bonne foi d'un immeuble hypothéqué fait siens tous les fruits perçus avant la *litis contestatio*.

DROIT CIVIL.

1° Les enfants nés de parents qui ne pouvaient contracter mariage qu'en vertu d'une dispense, par exemple d'un oncle et de sa nièce, ne peuvent être légitimés par le mariage subséquent de leurs auteurs.

2° L'enfant qui renonce à la succession de son père ne compte pas pour le calcul de la réserve, et la libéralité qui lui est faite doit être imputée sur la quotité disponible.

3° Deux époux sont mariés sous le régime de la communauté, la femme commet un adultère, le mari, comme réparation, exige du complice une somme de 30,000 fr., ces 30,000 fr. tombent dans la communauté.

4° Le droit de répétition accordé au tiers détenteur par l'art. 2175, pour les impenses qu'il a faites à l'héritage, ne crée à son profit ni droit de rétention ni privilége, mais donne lieu à une simple créance pour laquelle il a un droit de distraction sur le prix.

5° La caution n'est pas un principal obligé, dans le sens de l'art. 2170.

6° Le créancier gagiste peut revendiquer pendant trois ans le gage qu'il aurait perdu ou qui lui aurait été volé.

7° Le tiers détenteur n'a droit, même pour les impenses nécessaires sur l'immeuble, qu'à la plus-value en résultant.

8° Le bénéfice accordé à la caution par l'art. 2037 ne doit pas être étendu au tiers détenteur.

9° Les compagnies de chemin de fer sont responsables de la soustraction des colis, même non enregistrés, que les voyageurs ont déposés dans la gare, aux préposés, pour aller prendre des billets de place au guichet.

10° La responsabilité solidaire dont sont tenus les locataires vis-à-vis du propriétaire, en cas d'incendie, pèse sur chacun d'eux par égales portions, et non proportionnellement à l'importance de leurs loyers.

11° La saisine n'appartient pas collectivement à tous les héritiers jusqu'au 12° degré, mais elle passe aux héritiers du degré subséquent, après renonciation des héritiers du premier degré.

12° La condition de ne pas se marier, imposée par le donateur au donataire, doit être réputée non écrite, comme contraire aux bonnes mœurs.

PROCÉDURE CIVILE.

1° Lorsqu'une contestation s'élève entre deux étrangers, les tribunaux ne peuvent se déclarer d'office incompétents.

2° Il est préférable que le commandement édicté par l'art. 2169 précède la sommation, mais l'ordre que l'on adoptera ne peut être une cause de nullité de la procédure.

DROIT CRIMINEL.

1° La légitime défense ne peut résulter de l'agression contre les biens.

2° Les complices et les coauteurs ne sont pas punissables dans le cas de l'art. 380 du Code pénal.

DROIT ADMINISTRATIF.

C'est au Chef de l'État qu'appartient l'affectation et la désaffectation d'un bien domanial.

DROIT COMMERCIAL.

1° Le caractère civil ou commercial d'une société se détermine non par la forme de cette société, mais par la nature de ses opérations.

2° Les tribunaux de commerce ne sont pas compétents, pour connaître des actions intentées par les directeurs de théâtre contre les sujets de leur troupe, à raison des engagements de ces derniers.

E. DANION.

Vu pour l'impression :

Le Doyen,

ED. BODIN.

Vu :

Le Recteur,

J. JARRY.

TABLE DES MATIÈRES.

Typ. Oberthur et fils, à Rennes.

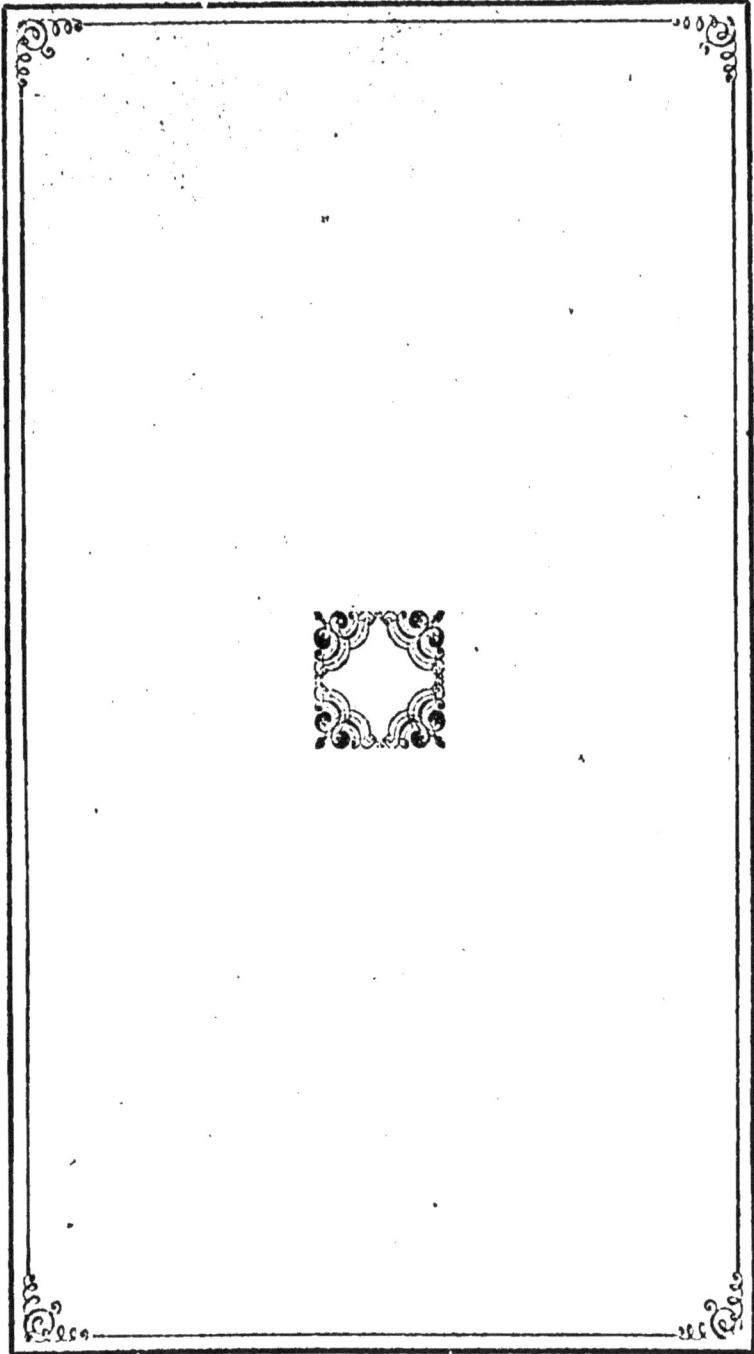

www.ingramcontent.com/pod-product-compliance
Lightning Source LLC
Chambersburg PA
CBHW060559210326
41519CB00014B/3521
9782019563035